Lya Luft
Gezeiten des Glücks

Lya Luft

Gezeiten des Glücks

Ein erfülltes Leben

Aus dem Portugiesischen
von Karin von Schweder-Schreiner

Marion von Schröder

»Seit meinem sechsten Lebensjahr habe ich alle möglichen Gegenstände gezeichnet und bis zum fünfzigsten Lebensjahr eine endlose Reihe von Bildern veröffentlicht. Allein alles, was vor meinem siebzigsten Lebensjahr entstanden ist, scheint mir nicht viel wert. Mit dreiundsiebzig Jahren habe ich angefangen, die Natur zu begreifen, die Tiere, Gräser und Bäume, die Vögel, Fische und Insekten. Mit achtzig Jahren werde ich es noch besser können und mit neunzig in die Geheimnisse der Dinge eindringen. Mit hundert werde ich soweit sein, daß Punkt und Linie leben.«

KATSUSHIKA HOKUSAI (1760–1849)

Für Fabiana & Fernanda
– und Rodrigo –
Geschenke des Glücks

Inhalt

1. Einladung

Ich bin nicht der Sand,
In den ein Flügelpaar man zeichnet
Oder Gitter vor einem Fenster.
Ich bin nicht nur der Stein,
Der in der Welt Gezeiten rollt
Und an jedem Strand zu einem andren wird.
Ich bin das Ohr an der Muschel des Lebens,
Bin Aufbau und Zerfall,
Diener und Herr, und
Ich bin Geheimnis.

Vierhändig schreiben wir das Drehbuch
Für die Bühne meiner Zeit:
Mein Schicksal und ich.
Nicht immer stimmen wir überein,
Nicht immer nehmen wir uns
Ernst.

Den richtigen Ton treffen

Was für ein Buch ist dies?

Alles, was ich schreibe, ist elliptisch oder kreisförmig: Plots und Personen kehren hier und da in neuem Gewand wieder. Da sie sich noch nicht in mir erschöpft haben, erzähle ich weiterhin von ihnen. Und das werde ich vermutlich bis zur letzten Zeile meines allerletzten Buches tun.

Was für ein Buch ist dies also?

Eine »Essay-Sammlung« ist es nicht, denn diese Bezeichnung legt einen förmlichen Ton, eine theoretische Untermauerung nahe. Doch das ist nicht mein Stil. Ein Roman oder eine andere Form von Fiktion ist es ebenfalls nicht. Und auch kein Lehrbuch – ich wüßte nicht, welche Lehren ich erteilen könnte.

In vielen Lebensbereichen bilden sich neue Methoden heraus, auch im Bereich des kreativen Schaffens, und bedürfen eines neuen Namens. Möge diese Aufzeichnungen also jeder nennen, wie er möchte. Ich jedenfalls spreche direkt zu meinen Lesern, wie ich es in Romanen oder Gedichten stets gern tue – als Aufforderung, zusammen mit mir nachzudenken.

Was ich schreibe, entspringt meinem eigenen Reifungsprozeß, einem Weg mit Höhen und Tiefen, strahlenden Momenten und düsteren Strecken. Auf diesem Weg habe ich begriffen, daß das Leben nicht nur ein Netz aus Verlusten webt, sondern uns auch immer wieder Gewinn bringt.

Ob Verlust und Gewinn sich die Waage halten, hängt sehr von unserer Einstellung und Betrachtungsweise ab.

*

Ich treffe einen Freund, einen renommierten Pianisten, und erzähle ihm, daß ich wieder an einem Buch schreibe, wie immer zu Beginn einer neuen Arbeit aber noch auf der Suche nach dem richtigen »Ton« bin.

Er reagiert amüsiert, Schriftsteller suchen also einen Ton? Wir müssen lachen, weil wir feststellen, daß wir beide nach demselben suchen: dem richtigen Ton. Dem Ton unserer Sprache, unserer Kunst und – das gilt für jeden Menschen – dem Ton unseres Lebens. In welcher Tonart wollen wir es leben? (Ich frage nicht, in welcher Tonart wir *verurteilt* sind, es zu leben.)

In melancholischen Zwischentönen, in helleren Tönen, gehetzt und oberflächlich oder im Wechsel zwischen Fröhlichkeit und Lust einerseits und tiefer Nachdenklichkeit andererseits.

Bloß die Oberfläche streifen oder hin und wieder in die Tiefe gehen.

Uns vom Lärm ringsum ablenken lassen oder in den Pausen und stillen Momenten den Stimmen lauschen – unserer Stimme, der des anderen.

Wird unser Ton von Mißtrauen und Argwohn bestimmt sein oder eher einer Veranda mit Ausblick auf den grenzenlosen Horizont gleichen?

Das hängt zum Teil allein von uns ab.

Das Instrument unserer Orchestrierung wird von uns selbst – im Einklang mit Veranlagung, Bestimmung und Zufall – gestimmt und gespielt. Was das Ganze allerdings erschwert, aber auch erst richtig reizvoll macht.

Ich setze mich an meinen Computer und überlege, welches der richtige Ton für dieses Buch ist. Und ich spüre ihn, vernehme ihn, in dieser Stunde des Beginns, wie ein leises

Wort an den Leser: »Komm, denk mit mir zusammen nach, hilf mir, die richtigen Fragen zu stellen.«

Auch wenn dies einem privaten Gespräch ähnelt, kann das Buch stellenweise grausam anmuten: Ich sage, wir sind wichtig und gut und fähig, doch ich sage auch, daß wir häufig unbedeutend und allzu oft mittelmäßig sind. Ich sage, wir könnten viel glücklicher sein, als wir es uns im allgemeinen gestatten, aber wir haben Angst vor dem Preis, den wir dafür zahlen müssen. Wir sind feige.

Dieses Buch soll jedoch Hoffnung schenken: Ich zähle zu denen, die glauben, daß Glück möglich ist, daß Liebe möglich ist, daß es nicht nur Unstimmigkeiten und Verrat gibt, sondern auch Zärtlichkeit, Freundschaft, Mitleid, ethisches Verhalten und Taktgefühl.

Ich denke, daß wir im Laufe unseres Daseins erst erlernen müssen, was so verächtlich »glücklich sein« genannt wird. (Ich sehe, wie sich angesichts meiner romantischen Behauptung Augenbrauen ironisch heben.)

Ein jeder auf seinem Weg und auf seine ganz eigene Art.

*

In der Kunst wie in den zwischenmenschlichen Beziehungen, also auch den unterschiedlichsten Liebesbeziehungen, schwimmen wir gegen den Strom. Wir versuchen das Unmögliche, denn die totale Verschmelzung gibt es nicht, uneingeschränktes Teilen ist nicht praktikabel. Das Wesentliche läßt sich eben nicht teilen: Es bedeutet Entdeckung oder Schrecken, Himmel oder Hölle, und zwar für jeden ganz allein.

In einem Gespräch jedoch oder in einem Schweigen, einem Blick, einer Geste der Liebe wie auch in einem Kunstwerk kann sich ein Spalt auftun. Dann spähen der Künstler und sein Betrachter oder sein Leser gemeinsam hindurch – wie ein Liebespaar.

Und so kommt man, sich stets mühend, schließlich voran.

Deshalb schreibe ich und werde ich auch künftig schreiben: um meine imaginären Leser – womöglich ein Ersatz für die imaginären Freunde in der Kindheit? – zu ermuntern, sich einmal gemeinsam mit mir eingehend zu befragen, wie wir die Zeit nutzen, die uns gegeben ist.

Denn Leben sollte – bis zu dem letzten Gedanken und zum allerletzten Blick – bedeuten, sich zu verändern.

Was ich hier schreibe, sind keine simplen Gedankenspiele. Ich bin eine Frau meiner Zeit, und von dieser Zeit möchte ich in der mir möglichen Art Zeugnis ablegen – indem ich meiner Phantasie freien Lauf lasse, über Schmerz und Ratlosigkeit schreibe; über Widersprüche und Größe; über Krankheit und Tod. Über das Bedauern, etwas zum falschen Zeitpunkt gesagt oder geschwiegen zu haben, als es besser gewesen wäre zu sprechen.

Es ist durchgängiges Thema meines Schreibens, daß wir für das, was uns widerfährt, gleichzeitig verantwortlich sind und auch wieder nicht.

Wir sind weitgehend für das verantwortlich, wofür oder wogegen wir uns entscheiden: für Wagemut oder Bequemlichkeit, für unsere Hoffnungen und unsere Verbündeten wie für unser Mißtrauen. Vor allem müssen wir entscheiden, in welcher Weise wir *unsere Zeit, letztlich immer unsere Gegenwart,* nutzen und genießen.

Nicht verantwortlich sind wir jedoch für die schicksalhaften Ereignisse und brutalen Zufälle, die unsere Liebesbeziehungen zerstören oder durch die wir nahestehende Menschen, unsere Gesundheit, Arbeit, Sicherheit oder Ideale verlieren.

Deshalb ist mein Blick auf die Menschen – wie auch auf mich selbst – so widersprüchlich und reizvoll, wie wir es sind.

Wir sind Veränderung, wir sind Prozeß. Und das verunsichert uns.

Der Lauf der Tage, Jahre und Jahrzehnte dient zum Wachsen und Anhäufen, nicht nur zum Begrenzen und Verlieren. So betrachtet, werden wir zu Herren und nicht zu Knechten. Zu Menschen und nicht zu kleinen Tieren, die kopflos umherrennen, ohne recht zu wissen, weshalb.

Wenn mein Leser und ich uns aufeinander einstimmen, wird aus diesem Einleitungsmonolog ein Dialog – auch wenn ich das Gesicht dessen wohl niemals sehen werde, der letztlich zu einem Teil von mir wird.

Dann hat meine Kunst ihr Ziel erreicht.

2. *Auf den Spiegel zeichnen*

Als Frucht der Liebe oder des Irrtums
Entstehe ich aus meinem eigenen Widerspruch.
Die Konturen des Mundes,
Die Form der Hand, der Gang
(Auch Träume und Ängste)
Kommen von denen, die mich formten.
Doch was ich auf den Spiegel zeichne,
Wird sich fraglos auch
Nach meinem Wunsch gestalten.

Ich werde mein Flügelpaar haben,
Es trägt mich fort von denen,
Die mir den Schatten spenden, in dem ich wachse –
Wie unter einem Baum
Ein Stengel
Und seine Blüte.

Das Zeichen auf der Flanke

Die Welt ist sinnlos ohne unseren Blick, denn er gibt ihr Form, ohne unser Denken, denn es verleiht ihr eine gewisse Ordnung.

Ein erschreckender Gedanke: Wir leben unserer Sichtweise gemäß, sie hilft uns zu überleben oder läßt uns untergehen. Wir brechen aus oder erstarren, je nachdem, ob wir uns der Welt öffnen oder uns ihr verschließen.

Was aber bestimmt unsere Sichtweise?

Sie hat ihre Wurzeln in unserer Kindheit, mit ihren nicht immer erklärlichen Mängeln. Selbst wenn wir geliebt wurden, leiden wir unter einer Grundunsicherheit. Obwohl behütet, sind wir Schicksalsschlägen und unvorhersehbaren Widrigkeiten ausgesetzt, gegen die wir nicht gefeit sind. Wir müssen Barrieren errichten und gleichzeitig Brücken schlagen hin zu dem, was uns umgibt und uns noch erwartet. Dieses Geflecht aus Verbindendem und Trennendem, aus Angst und Begeisterung, der Grundstoff unseres Daseins, wird schon vor unserer Geburt angelegt.

Doch werden wir nicht einfach unwillkürlich von einem Strom mitgerissen. *Wir sind aktiv beteiligt.*

Darin liegt die mögliche Tragödie: ein vertanes Leben mit verkümmerten Talenten, falls es uns nicht gelingt oder wir nicht mutig genug sind, etwas Besseres daraus zu machen – und zwar jederzeit und in jedem Alter.

Die Herausbildung dieses »Wir«, begonnen in der Kindheit und fortgesetzt mit dem Errichten von Mauern in der

Reife, schließt mit dem Alter ab, der Krönung, auch wenn es gemeinhin als Phase des Verfalls angesehen wird.

Bei dieser Arbeit legen wir selbst Hand an, zusammen mit den vielen, die uns formen. Indem wir uns, gereift, von ihnen lösen, gestalten wir eine Figur: Wer wollen wir sein, wer glauben wir sein zu müssen – wer, meinen wir, *verdienen wir zu sein*.

In diesem Haus, dem Haus der Seele und dem Haus des Körpers, sind wir nicht bloße Marionetten, die sich ziellos bewegen, sondern Kämpfer, die denken und entscheiden.

Einen Menschen, ein »Wir« zu gestalten ist eine Arbeit, bei der es keinen Urlaub, keine Ruhepausen gibt: Wände können wacklig sein und Berechnungen falsch, Risse können auftreten. Womöglich droht ein Teil einzustürzen. Aber es gibt auch Fenster mit weitem Ausblick und Terrassen in der Sonne.

Und das Ergebnis – ein bewohnbares Haus oder eine unbewohnbare Ruine – ist die Summe dessen, was andere und wir selbst über uns gedacht haben, wie sehr andere und wir selbst uns geliebt haben, welchen Wert man uns beigemessen hat und was wir selbst getan haben, um diesen zu bestätigen oder zu verändern, diesen Stempel, dieses Siegel, dieses Prägezeichen.

Doch wäre dies alles noch zu einfach: Der Mörtel ist eine Mischung aus gutem Willen und Irrtümern, Verführung und Lob, Liebesworten und Zurückweisungen. Wir nehmen teil an einem einzigartigen Tanz vielfältiger Masken, hinter denen wir uns verbergen, das Objekt unserer eigenen Verunsicherung. Nicht gänzlich Opfer, aber auch nicht gänzlich Herr, bedeutet jede Sekunde eines jeden Tages eine Herausforderung. Diese Ambivalenz zehrt an uns und nährt uns. Sie macht uns menschlich.

Im Laufe meines Daseins vollende ich den Entwurf, der mir vorgelegt wurde, indem ich mir nach und nach Leinwand und Pinsel zu eigen mache.

In den ersten Jahren wurde nahezu alles von der Umgebung bestimmt, in die ich hineingeboren wurde: Familie, Schule, Fenster, durch die zu blicken man mich lehrte, schützendes Obdach oder Gefängnis, Erwartung oder Verurteilung.

Bald schon kann ich mich nicht mehr mit den anderen herausreden: ob Vater und Mutter liebevoll oder feindselig waren, gütig oder gleichgültig, mit all den natürlichen Schwächen des Menschseins bedacht, die wir erst im Erwachsenenalter anerkennen. Letztlich müssen wir feststellen: Mein Vater, meine Mutter waren nur Menschen wie ich. Sie haben getan, was sie konnten, wozu sie in der Lage waren.

Und ich?

Geprägt durch das, was die anderen uns vermitteln, werden wir zu Akrobaten in unserer eigenen Arena. Das Netz unter uns besteht aus zwei miteinander verwobenen Fäden: der eine hervorgebracht von denen, die uns gezeugt und großgezogen haben; der andere von uns hervorgebracht, von unseren Überzeugungen oder unserer Hoffnung.

*

Wie oft habe ich in meiner Kindheit gehört: »Kinder können nicht denken.«

Doch, Kinder denken. Aber sie vermögen auch noch etwas Wichtigeres zu tun, etwas, das wir mit zunehmendem Alter verlernen: Sie *sind*. Wenn ein Kind einen Fleck auf der Wand betrachtet, ein Insekt im Gras beobachtet oder eine erblühende Rose bestaunt, dann schaut es nicht nur. Es *ist* all das, worauf es sich konzentriert. Es ist der Käfer, die Figur auf der Wand, es ist die Blüte, der Wind und die Stille.

Desgleichen *ist* das Kind die Kälte oder die Angst der Erwachsenen, ihre Oberflächlichkeit und Kälte oder ihre aufrichtige Liebe.

Wichtig ist, daß man einem Kind gelegentlich seine Ruhe läßt, nicht ständig von ihm verlangt, daß es sich bewegt, läuft, spricht, spielt, als wäre Besinnlichkeit eine Krankheit.

Das in seine Umgebung versunkene Kind ist Teil eines übergeordneten Geschehens, dem es sich kaum bewußt öffnet. Doch besitzt es etwas viel Wertvolleres als Bewußtsein: Es erfaßt alles intuitiv, es verfügt über die *Weisheit der Unschuld*.

Diese Weisheit kommt uns immer mehr abhanden, je stärker wir »domestiziert« und zwangsläufig unserer Umgebung angepaßt werden.

Mögen die Götter dafür sorgen, daß es uns dabei gelingt, uns die Fähigkeit zu träumen zu bewahren. Denn die Utopie wird das Terrain unserer Freiheit sein. Sonst erledigen wir am Ende unsere Aufgaben wie dressierte Seehunde, und begraben das, was wir Psyche, Ich, Selbst oder schlicht *Seele* nennen.

Dann wird uns die Nichtigkeit zermürben, so tödlich wie die schlimmste Krankheit – sie befällt die Seele, macht sie porös und brüchig wie manches Knochengerüst.

Die Seele bekommt gleichsam Osteoporose.

Ein Kind lebt vor allem in seiner eigenen Dimension, in der die Zeit, die Gerüche und die Strukturen, das Vorhandene und die Gefühle seine ganz eigene Wirklichkeit ausmachen.

Als Kind habe ich mehrfach versucht, das mit meinen unbeholfenen Worten zu beschreiben. Niemand schien mich zu verstehen – oder aber es interessierte sich keiner so richtig dafür. Da kleidete ich alles in Geschichten, die ich mir wie Zaubersprüche immer wieder selbst vortrug. Als Erwachsene machte ich dann etwas ganz Ähnliches, indem ich Romane und andere Bücher schrieb – so wie dieses.

Inzwischen habe ich begriffen, daß die scheinbare Gleichgültigkeit der anderen meinen kindlichen Phantasien gegenüber nicht darauf zurückzuführen war, daß sie sich nicht dafür interessierten oder daß ich mich nicht richtig auszudrücken vermochte. Der Grund war, daß sich das Wirkliche und das Gedachte nicht unterscheiden und sich nicht in Worte fassen lassen, und dies ist es, was sich nicht vermitteln läßt.

*

Wieder geht ein Buch von mir von dem Begriff Familie aus.

Darüber habe ich unermüdlich geschrieben.

Was man in unserer frühen Kindheit für uns bereitgehalten hat, prägt uns so wie der Fluch der bösen oder der Segen der guten Fee in einem Märchen.

Die dramatischen oder tragischen Personen, die ich in meinen Romanen erfunden habe, stammen aus besonders kranken Familien, in denen Lieblosigkeit, Heuchelei und Vereinsamung herrschten. Mitunter waren sie wie gelähmt, weil sie unfähig waren, ihre Gefühle zu zeigen – die dann unausgelebt verkümmerten.

Wenn das Alleinleben schon schwer ist, wie belastend und beschwerlich muß das Leben in einer Familie erst sein. Wir leiden darunter, daß Liebesbande unsicher sind. Wir leiden unter dem Mangel an Geld und Zeit. Wir leiden darunter, daß wir uns immer mehr dem Konsumzwang unterwerfen. Wir leiden darunter, daß im eigenen Heim für Gespräche, Zärtlichkeit und Solidarität immer weniger Raum bleibt. Vor allem haben wir keine Zeit – oder sind nicht dazu bereit –, selbstverständlich und mit Freuden Zuwendung zu schenken.

Ganz fraglos stellen Kinder jede Familie – allerdings nicht in erster Linie – vor eine Aufgabe und ein Problem. Sollen Kinder für uns eine Freude bedeuten, müssen wir sie haben wollen und lieben. Ob aus einem Heim ein Nest oder ein Käfig wird, entscheidet sich schon vor der ersten Berührung, dem ersten Blick auf das neugeborene Kind.

Die Kindheit ist der Boden, auf dem wir uns ein Leben

lang bewegen. Hat dieser Boden zu viele Schlaglöcher, straucheln wir häufiger, fallen leichter und schlagen uns das Gesicht auf – was durchaus gesund sein kann, denn damit erhalten wir die Gelegenheit, unser Gesicht neu zu gestalten. Womöglich authentischer. Aber manchmal lähmen uns derlei Erfahrungen auch.

Als reife Frau spüre ich in mir noch das kleine Mädchen, das vor Jahrzehnten in einem Garten die Schönheit des Regens bewundert, der über den Bäumen niedergeht. Das alles gehört auf immer mir, auch wenn die geliebten Menschen fortgehen, das Haus verkauft wird, ich nicht mehr dieselbe bin.

Dafür mußte ich in mir einen Raum zum Aufbewahren der positiven Dinge schaffen, aber ich wollte, daß er größer würde als der Raum für alles Negative, das ich zwangsläufig ebenfalls würde speichern müssen.

Die Konturen des *Ich,* das in mir angelegt wurde, mußten meinem Wesen entsprechend erweitert werden, damit ich mich – im Rahmen meiner Begrenztheit – öffnen und das sich ständig wandelnde Leben einlassen konnte.

Einen guten Teil der Zeit über irren wir halbblind umher, bewegen uns nach dem Prinzip Versuch und Irrtum vorwärts, tasten uns zwischen den alltäglichen Herausforderungen voran. Auf festem Grund oder tückischem Treibsand müssen wir unser persönliches Haus *zum Teil* aus diesem Rohmaterial bauen. Nicht alles läßt sich planen. Die Berechnungen ergeben überraschende Resultate. Wir tragen beides in uns: die Möglichkeit, von Höhenflügen zu träumen, und die Notwendigkeit, am Boden zu bleiben, also Wagemut und Furcht.

Vielleicht ist es eine Utopie, doch wenn ich nicht zulasse, daß meine Sensibilität abstumpft, werde ich im Alter, statt zu verkümmern, meine Gefühle voll und ganz ausleben können.

*

Alles wird komplizierter, weil wir unsere psychische Ausstattung mitbringen. *Wir werden so geboren, wie wir sind:* Etwas in uns ist unveränderlich, unser Wesen ist ein schwer zu erstürmendes Gemäuer, zu dick, um Breschen hineinzuschlagen. Doch dieser Kampf bestimmt unser ganzes Dasein.

Auf die Werkzeuge, mit denen wir das Leben bewältigen sollen, ist nicht immer Verlaß. Anders gesagt: Manche Menschen sind von Geburt an nicht so robust wie andere. Ein Kleinkind kann kränklicher sein als sein vitaleres Geschwister. Das ist kein Urteil, aber eine Warnung der Stiefmutter Natur.

Mein winziger Garten lehrt mich Tag für Tag, daß manche Pflanzen von Beginn an kräftig sind, andere mißgebildet; manche fallen in zarter Jugend einer Krankheit oder einem Unglück zum Opfer; andere bringen vom Alter gekrümmt noch Blüten hervor.

Das gleiche gilt für uns, mit einem dramatischen Unterschied: Wir können denken. Wir können eine relative Freiheit leben. Innerhalb bestimmter Grenzen können wir eingreifen.

Deshalb noch einmal: *Wir sind verantwortlich,* auch für uns. Zumindest sind wir *mit-verantwortlich* dafür, was wir mit dem Gepäck machen, das man uns für den Weg zwischen Geburt und Tod anvertraut hat.

Wir schleppen viel Nutzloses mit. Legen unterwegs Dinge ab, die später wertvoll hätten sein können, und nehmen Überflüssiges auf. Unaufhaltsam streben wir dem gefürchteten Ende entgegen, nur selten nehmen wir uns die Zeit für eine Rückschau, um den Weg zu beurteilen und unseren persönlichen Lebensentwurf abzuwandeln oder an ihm festzuhalten.

Oder aber wir haben keinerlei persönliche Wünsche gehabt. Wir haben uns dem Schicksal oder dem Willen anderer gefügt. Wir sind zu kraftlos, um uns zu wehren. Wir sind diejenigen, die sich in den Salons des Lebens in die Ecken drücken oder sich nur auf die Sesselkante setzen.

Jedes vergeudete Schicksal – jeder einzelne, der sich verbietet, sich selbstverständlich und den eigenen Fähigkeiten entsprechend oder sogar über sie hinaus zu entwickeln – ist in meinen Augen ebenso tragisch und von ähnlicher Tragweite wie ein Krieg, handelt es sich doch um die Niederlage eines Menschen. Und dieser eine zählt so viel wie Tausende.

Wir sollten nicht nur gegen Krieg, Gewalt, Korruption und Armut anschreiben und auf die Straße gehen, sondern vielmehr verkünden, wie wichtig ist, was man in uns, in jeden einzelnen von uns sät. Und wie sorgfältig wir damit in der Zeit umgehen müssen, die uns für diese besondere Gärtnerarbeit gegeben ist.

*

Wenn ich so sehr die Bedeutung des allerersten Blicks betone, der mich auf den einen oder den anderen Weg führt, schreibe ich da nicht *der ersten Familie* – den Eltern – allzu große Verantwortung zu?

Ich denke, nicht.

Die erste Liebe, also die Liebe zwischen Eltern und Kind, prägt unsere Erwartungen an alle Liebesbeziehungen, die wir jemals haben werden. Unsere ersten Erfahrungen wirken sich bestimmend auf viele unserer zukünftigen Erfahrungen aus.

Deshalb bedeutet Kinder haben und sie großziehen, daß wir sie jeden Tag aufs neue zeugen und gebären.

Jede Liebe hat oder ist eine Krise, jede Liebe erfordert Geduld, gute Laune, Toleranz und Festigkeit, doch in welchem Maße, weiß man nie. Es gibt keine Rezepte und auch keine Schule, um lieben zu lernen. Ein Schauplatz destruktiver Kämpfe bereitet mich ebensowenig darauf vor, ein unversehrter Mensch zu werden, wie die künstliche Ruhe dank verdrängter Probleme. Kämpfe können positiv sein, am Wettstreit wächst man; lieben heißt, Grenzen setzen und sie akzeptieren.

Eine Familienbeziehung findet zwischen unterschiedlichen oder sogar gegensätzlichen Persönlichkeiten statt, denen bestimmt ist, lange Zeit in den vier Wänden desselben Hauses zu leben (ohne die Möglichkeit, sich scheiden zu lassen, falls es Eltern und Kinder sind), gemeinsam in einem brodelnden Kessel voller Mißverständnisse und Verunsicherungen.

»Ich habe immer das Gefühl gehabt, meine Mutter wußte nicht so recht, was sie mit mir anfangen sollte!«

»Mein Sohn hat schon als Baby den Eindruck erweckt, als fühlte er sich nicht wohl, auch nicht bei mir auf dem Arm.«

»Ich habe nie begriffen, was mein Vater eigentlich von mir wollte, er war für mich all die Jahre ein Fremder.«

»Zwischen meiner Mutter und mir stimmte die Chemie nicht, wir mochten uns nicht in die Arme nehmen.«

»Wir haben stets in verschiedenen Welten gelebt, weit weg voneinander.«

»Ich habe es meiner Mutter nie recht machen können, sie hat mich ständig kritisiert, und selbst jetzt, wo ich eine erwachsene Frau bin und sie auch nicht mehr die jüngste ist, geht es im selben Ton weiter.«

»Mein Vater wirkte schon gereizt, wenn er mich nur sah. Nichts war ihm recht. Ich konnte mich noch so anstrengen, ich hatte immer das Gefühl, ihm etwas schuldig zu sein.«

Diese familiäre Gruppe, die wir uns nicht ausgesucht haben, die uns aber immens stark prägt, kann ein verläßlicher Hafen sein, von dem wir aufbrechen und zu dem wir jederzeit zurückkehren können, und sei es nur in Gedanken. Der Ort, *wo ich zu Hause bin,* auch wenn ich dort nicht mehr lebe.

Doch muß man mit dem brechen, was daran eventuell

erdrückend ist – denn die Familie kann auch ein Käfig sein, ein Abgrund, ein tiefer Brunnen. Wenn wir zu sehr eingesperrt werden, müssen wir uns an den eigenen Haaren herausziehen, uns irgendwohin retten, wo wir trotz aller Schrecken und Ungewißheiten atmen können und entscheiden, was nun zu tun ist.

Wir können die Vergangenheit nicht ändern. Familiäre Dramen können wie giftige Wurzeln unter dem Boden des Zusammenlebens oder der Seele fortbestehen. Das Gesetz des Schweigens, der Geheimhaltung um jeden Preis, kann zu schweren Störungen führen. Doch wir können unsere Einstellung ändern, wenn auch in langen, schmerzhaften Prozessen, die jedoch oft lebenswichtig sind.

Ich kann mich befreien. Ich kann mich neu programmieren, damit ich erkennen kann, was in einem Augenblick für mich »das Beste« ist – oder das mir Mögliche.

Manchmal verhindert mein Weltbild, daß ich Entscheidungen treffe, es zermürbt mich und schüchtert mich ein, oder es verlangt, daß ich mich mit Alternativen auseinandersetze. Dann kommt mein angeborenes Gepäck ins Spiel, sowie das, was ich selbst in mir aufgebaut habe, die Hilfsmittel, auf die ich zurückgreifen – und meine Zuversicht, daß ich es schaffen kann.

Wir bestimmen nicht über das Schicksal der von uns geliebten Menschen, können nicht einmal an ihrer Stelle leiden, aber *Kinder haben bedeutet eine enorme Verantwortung*. Verantwortung nicht nur für ihre Ernährung, Schule, Gesundheit, sondern für ihre Persönlichkeit – und das ist weit schwieriger, als für ihr körperliches Wohlergehen zu sorgen.

Es bedeutet nicht, daß wir sie allmächtigen Göttern gleich formen oder deformieren. Im Gegenteil, das Drama der Elternschaft liegt zum Teil darin, daß wir weder ihr Leben für sie leben, noch sie vor ihrem Schicksal bewahren, für sie die Entscheidungen treffen können. Doch ganz fraglos wirkt sich aus, wie wir waren, wie wir lebten und dachten, als sie klein waren und sozusagen noch »uns gehörten«.

Ich vertrete hier nicht die Sache der »Opfer-Eltern«, die »aus Liebe zu den Kindern« auf ein eigenes Leben verzichten. Ich bewundere nicht die sich aufopfernde Mutter, die mit demselben Argument ihre Persönlichkeit aufgibt, um im Grunde den Kindern die Schuld daran in die Schuhe zu schieben und von ihnen nicht nur einzufordern, was sie ihr »schuldig« sind, sondern auch noch, was sie ihr »nicht schuldig« sind.

Doch werden unsere Kinder die ersten ihrer vielen Schritte nach unserem Vorbild tun, entsprechend unserer Fähigkeit zu hoffen oder unseres Pessimismus, unserer Zuneigung oder unserer Gefühlskälte. Und ebenso wird es in der Zukunft mit ihren Kindern sein. Sie werden für ihre Kinder von ebenso fundamentaler Bedeutung sein, wie die Eltern unserer Eltern es in der vorangegangenen Generation waren.

Hinter und vor jedem Menschenpaar erstreckt sich eine lange Kette negativen und positiven Verhaltens, das zusammen das Menschsein ausmacht.

*

Wir werden mit all unseren physischen und psychischen Erbanlagen geboren. *Aber wir sind nicht nur das.* Wir sind zum Teil das Ergebnis dessen, was unsere Eltern waren. *Aber wir sind nicht nur das.*

Die Gesellschaft, in der wir leben, hat viele Augen und Arme, die uns beobachten und in unsere Wirklichkeit eingreifen. Dazu gehört auch *die Meinung der anderen.* Nicht die Meinung einiger Menschen, die wir achten und lieben, sondern die gestaltlose, allgegenwärtige, fast allmächtige Instanz des »was sollen die Leute denken«. Ohne um Erlaubnis zu bitten, drängt sie sich in unsere Privatsphäre und unser Bewußtsein, beschneidet uns und schränkt uns ein.

Außerhalb der eigenen vier Wände besitzt die Kultur, in die wir eingebettet sind, eine unerhörte Macht. Um sich davon zu lösen, bedarf es einer differenzierten Wahrnehmung – nicht unbedingt eine Gabe der Jugend. Bevor wir ein reiferes Alter erreichen, sind wir weit anfälliger für diesen Druck von außen, der sich bohrend in uns einnistet.

Während meiner Jugend in einer Stadt im Landesinnern, wo das Verhalten von dieser gesichtslosen – und doch so viele Gesichter besitzenden – Instanz diktiert wurde, half mir sehr die bei uns zu Hause geltende Regel: Was andere Leute denken, spielt überhaupt keine Rolle. Es gab einige wenige Menschen, denen gegenüber ich aus Achtung oder Zuneigung Rechenschaft abgelegt hätte – sie wurden für mich in vielerlei Hinsicht zum Vorbild.

So manches von dem, was man uns mitgibt, kann neu programmiert werden: Wir sind eine Frucht, aber keine Sklaven. Der allererste Blick, mit dem wir begrüßt wurden, ist nicht zwangsläufig ein Todesurteil. Wir können – eine undankbare Aufgabe – unsere Randbemerkungen hinzufügen, über den Text dieses Vorwortes zu uns eine »Fehlerliste« stellen.

Aber wer gibt uns Anregungen, wer kann uns helfen – wenn wir doch vorgeformt, vorgefertigt und vorgeprägt sind? Wer entwirrt die Fäden, wo fangen wir an und wo endet der Einfluß so vieler anderer?

Deshalb sind wir auf der Suche, sind unruhig, selbstverständlich unzufrieden. *Nicht verurteilt* – viele Entscheidungen stehen uns frei. Ab wann war ich zu differenzierter Wahrnehmung fähig, was habe ich getan, um zu sein, was ich heute bin – oder besser? Wie bin ich zu der Person geworden, die Freiheit kultiviert, aber auch Achtung und liebevolle Gefühle den anderen gegenüber hegt? Welche Haltung habe ich dieser anonymen, doch mächtigen Instanz gegenüber bezogen, die sich »die Leute« nennt und liebenswürdig sein kann, aber auch grausam?

Unser ungenauer Blick wird dank der Reife und Reflexion schärfer. Was wir als eigene Meinung, Haltung, Persönlichkeit bezeichnen, bildet sich heraus. Auf tausenderlei Art zeigen wir, welchen Platz wir einnehmen wollen: durch die Wahl unserer Kleidung, unseres Berufs, unseres Partners, in allem. Gerade im Unbewußten verhalte ich mich dem mir eigenen Vertrauen oder Mißtrauen, der mir eigenen Begeisterung oder Skepsis entsprechend.

Als ich an einer Universität lehrte, sagte ich den jungen Leuten immer wieder: »Ihr seid besser, als ihr glaubt. Ihr seid intelligenter und fähiger, als ihr glaubt, und auch, als wir Erwachsenen – Eltern und Lehrer – euch ungewollt glauben machen.«

Vermitteln wir unseren Kindern, daß sie lieb und schön sind, daß sie Prinzen des Geistes sind ... Sorgen wir dafür, daß sie sich als jämmerlich empfinden, als Klotz am Bein, als Anlaß zu Sorge und Zermürbung, zu Streitereien und Reue, daß sie zum Scheitern verurteilt sind?

Ziehen wir unterwürfige Seelen heran, wo wir freie Seelen heranziehen könnten?

Die Frage mag zynisch anmuten, wenn man bedenkt, wie komplex unsere sozialen Strukturen und Entwicklungsmöglichkeiten sind, und sie bedarf der Erklärung. Wenn ich davon spreche, daß unsere Kinder sich wie Prinzessinnen und Prinzen fühlen sollen, meine ich selbstverständlich weder Luxus noch soziale Stellung, und erst recht nicht Arroganz, das Attribut der Mittelmäßigen.

Selbstachtung habe ich dabei im Sinn.

Und zwar keine rosarote oder wirklichkeitsfremde Sichtweise, sondern eine positive, die von Vertrauen zeugt. Von der Fähigkeit, sich des Lebens zu erfreuen, vom Streben nach Glück, von zu festen Überzeugungen. Was kann ich besser machen, wie kann ich mich selbst verwirklichen und glücklich sein im Rahmen meiner Möglichkeiten – die im allgemeinen größer sind, als wir glauben und man uns glauben machen will. Genau deshalb habe ich immer wieder zu meinen Studenten gesagt: Ihr seid besser, als ihr glaubt.

Bei Selbstachtung muß ich daran denken, was unser großer Schriftsteller, mein geliebter Erico Verissimo zu sagen pflegte: »Ich liebe mich, aber ich bewundere mich nicht.«

Dabei gilt es, dem bequemen Herdentrieb zu widerstehen, sich eine eigene Meinung zu bilden, sie zu vertreten. Und sich nicht voller Verachtung abseits zu halten, sondern zu riskieren, daß man ab und zu allein dasteht. Nicht seine Seele um jeden Preis dafür zu verkaufen, daß man Gesellschaft hat, sondern sich geliebte Menschen, treue Freunde, vernünftige Lehrer und Vorbilder suchen. Bis hin zu dem Beruf, der am besten zu uns paßt, uns am meisten Freude bereitet, sofern wir tatsächlich eine Wahl haben – denn wenn es ums Überleben geht, müssen wir jede Tätigkeit akzeptieren.

Das ist leicht gesagt … Ich weiß.

Veränderungen bringen immer Ängste mit sich.

Der Versuch, eine Stelle aufzugeben, weil ich zu schlecht bezahlt werde oder unglücklich bin; mich gegen Unterdrückung durch Vater oder Mutter zu wehren; mich aus einer Liebesbeziehung zu lösen, in der ich kleingemacht oder erdrückt werde; den Umgang mit Menschen zu meiden, die einen unterbuttern, um selbst aufzutrumpfen, eine Diener-Herr-Beziehung also, die Groll und Schuldgefühle erzeugt.

Fest ausgetretene, gewohnte Pfade zu verlassen, selbst wenn sie unbequem sind, ist eben beunruhigend.

Ist auch das Bedürfnis, frei zu sein, groß, so kann die Angst, die vertraute Situation aufzugeben – so schlimm sie auch sein mag –, doch größer sein. Wenn wir uns neu organisieren wollen, müssen wir in uns hineinhorchen, die

Fragen in uns neu beantworten und herausfinden, wie unser eigener Lebensentwurf letztlich aussieht.

*

»Aber die Familie hat nicht mehr die Bedeutung, die du ihr zuschreibst«, wird man mir entgegenhalten. »Wir sind heute viel freier, die gesellschaftlichen Zwänge sind nicht mehr so mächtig. Alles hat sich verändert.«

Nein, nur *fast alles*. Das Wesentliche ist unverändert: unser Wesen.

Mit schwindelerregendem Tempo hat sich im vergangenen Jahrhundert die Gesellschaft, die Familie verändert. Die Kultur hat sich gewandelt, Wissenschaft und Technologie haben sich weiterentwickelt, alles verändert sich mit einer noch vor fünfzig Jahren unvorstellbaren Geschwindigkeit.

Doch die menschlichen Gefühle haben sich nicht verändert.

Wir sind noch nicht einmal originell. Unsere Grundsehnsüchte gelten nach wie vor: Sicherheit, Zuwendung, Freiheit, Partnerschaft; ich will das Gefühl haben, in die Gesellschaft oder in meine Familie integriert zu sein, wichtig zu sein für meine Gruppe oder zumindest für einen Menschen – für den, den ich liebe. Ich muß nicht König sein, um wichtig zu sein, aber ich muß *das Gefühl haben, daß man mich wertschätzt*.

Das ist für mich genauso entscheidend wie der erste Blick. Ich muß mich als fähig und würdig erachten können, ohne Größenwahn, ohne Fremdbestimmung. Im Rahmen dessen, wofür ich mich entscheiden, was ich ändern, mir zu eigen machen kann.

Das hat nichts mit Geld oder sozialer Stellung zu tun, auch nicht mit Hochmut, wohl aber damit, wie wir beurteilt werden – von uns selbst und von denen, die wir lieben. Ob ich aktiv handle oder passiv bleibe, hängt von dieser Grundeinstellung ab.

Ganz gleich, ob ich Arbeiter, Hausfrau, Chauffeur, Bauer oder Manager, erfolgreiche Schauspielerin oder namenlose Verkäuferin bin – ich mag mich in dem Maße, wie ich an meine Würde glaube, ich will mich meinem Wert gemäß entfalten können. Und zwar je nachdem, ob sich meiner Ansicht nach dieser Sprung, dieses Wachsen, diese Hingabe lohnen. Das hängt von meinem Selbstvertrauen ab.

Dieses aber läßt sich uns nicht durch Worte vermitteln, die sich jemand für besondere Gelegenheiten oder Krisen zurechtgelegt hat. Es bildet sich unterschwellig heraus, im täglichen Miteinander, es schwebt im Raum, schimmert auf der Haut.

Zurück zur Familie: Härte im häuslichen Bereich bereitet nicht auf die Härte des Lebens vor, wie manch einer predigt. Im Gegenteil: Um mich auf dem von Gewalt beherrschten Terrain zu behaupten, in dem wir leben, muß ich eine solide emotionale Grundlage haben.

Sie ist das Wichtigste, was man mir von der Wiege an mitgeben kann. Sie ist Nahrung für meine Seele, und nur ihretwegen kann ich meinen Platz erobern – in meinem Zuhause, in meiner Ehe, in meiner Familie, in meinem Unterrichtsraum, in meinem Büro, in meiner Fabrik, in meiner Straße. Doch über allem steht der Platz, den ich vor mir selbst einnehme. Und der darf nicht untergeordnet sein.

Wenn ich glaube, daß ich nichts wert bin, dann bin ich es auch nicht. Dann lasse ich zu, daß andere für mich sprechen, entscheiden, leben. Wenn ich aber glaube, daß ich trotz meiner natürlichen Grenzen und all meiner Ängste ein gewisses Maß an positiven Dingen verdient habe, dann werde ich darum kämpfen.

Und sogar zulassen, daß die anderen mich nicht lieben.

*

Gestik, Schweigen, Worte – lebendige Geschöpfe, die im Schatten des Unbewußten Fallstricke spannen und ein Leben regelrecht zerstören können.

Mit ihnen überbrücken wir trübe Gewässer oder ziehen den Graben der Mißverständnisse. Daß Menschen untereinander leiden, ist zu einem großen Teil darauf zurückzuführen, daß sie sich nicht mitteilen können und aneinander vorbeireden.

»Ich war immer fest davon überzeugt, daß unsere Eltern dich lieber hatten.«

»Wieso das denn?! Dabei war ich der Meinung, daß sie dich viel lieber hatten.«

»Du hast mir nie gesagt, daß du mich liebst, manchmal habe ich sogar geglaubt, ich wäre gar nicht dein Sohn, sondern adoptiert.«

»Wieso das denn?! Ich habe für dich gesorgt, dich beschützt, dir so vieles beigebracht, ich habe dir alles gegeben, was ich konnte … Ich habe mich halb totgearbeitet, damit es dir an nichts fehlt … deine Wäsche gewaschen, dich gepflegt, wenn du krank warst …«

»Aber einmal hast du gesagt … hast du getan … hatte ich das Gefühl, daß du …«

»Aber das war doch gar nicht so! … Du hast es nicht richtig verstanden … Ich konnte das nicht so gut ausdrükken.«

Geht die Wunde allzu tief, können solche Gespräche oder Erklärungen nicht heilen, was sich bereits fest eingeprägt hat. Da ist es nicht mit einem Weihnachtsabend oder einem Essen im Kreis der Familie getan.

Jemand hat einmal zu mir gesagt: »Aber es ist doch genau so, wir verstehen einander nicht. Wir sind alle arme Teufel, wir sind alle kompliziert, unsicher und unglücklich – wie sollen wir da unseren Kindern etwas Gutes vermitteln können?«

Ich bin anderer Meinung.

Ich finde nicht, daß wir alle arme Teufel sind, und auch nicht, daß wir alle unglücklich sind.

Kompliziert, ja, das sind wir – wir sind intrigant, verletzlich und begehen Fehler und Irrtümer. Aber wir bringen auch wunderbare Gefühle und Ideen hervor, Träume und die Kunst, die über das Triviale hinausführt. Wir können im einfachsten Alltag Sicherheit und Geborgenheit schenken.

Doch die Liebe ist – wie auch ihr Gegenteil – eine mühsame Angelegenheit. Sie fordert uns stets aufs neue. Eine Persönlichkeit ist ein Bausatz aus verwickelten Gefühlen, dessen Einzelteile sich nicht so einfach zusammenfügen lassen.

*

»Man hat mir oft gesagt, ich sei häßlich«, erzählte mir einmal eine Frau, »und schließlich habe ich selbst geglaubt, daß ich es nicht verdiente, geschätzt zu werden, von jemandem erwählt zu werden – kurzum, glücklich zu sein.«

Eine andere Frau berichtete: »Ich war ziemlich pummelig, aber mein Vater betonte immer wieder, ich hätte schöne Augen, sei intelligent, werde geliebt. Ohne es ausdrücklich zu sagen, hat er mich gelehrt, daß man zwar auf sein Äußeres achten soll, daß es aber nicht alles ist und auch nicht für mein Schicksal entscheidend sein muß. Wenn mich heute jemand nicht gern hätte, weil ich nicht der Modenorm entspreche, wäre er allein dieser Einstellung wegen für mich nicht attraktiv.«

Die Familie vermittelt uns die ersten Wertmaßstäbe, und wir können uns daran halten oder sie außer acht lassen. Wenn sie uns erdrücken, kann ein Verstoß dagegen häufig unsere Rettung sein; aber das ist verflixt schwierig, wer es schafft, ist in meinen Augen ein Held. Doch entweder wir befreien uns, soweit irgend möglich, oder es kommt der Moment, da stehen sie quasi hinter der Tür, Hände in die

Hüften gestemmt, nehmen uns aufs Korn und verkünden ihr Urteil. Und das wird weder auf Freispruch noch auf Vergebung lauten.

Mir selbst hat man von klein auf beigebracht, daß meine Freiheit wesentlich ist, daß sie mit meiner Würde zu tun hat und daß ich die Konsequenzen meiner Entscheidungen zu tragen habe. Mehr noch: Ich wußte, selbst wenn alles schiefgehen würde, *es wäre immer jemand für mich da.*

Das ist für mich zum Inbegriff von *Familie* geworden: *die Gruppe oder die Person, die mich, auch wenn sie mich nicht versteht oder mein Verhalten sogar mißbilligt, doch stets respektiert und liebt, so wie ich bin – oder nicht anders sein kann.*

Dieses Grundgefühl der Anerkennung – ja, ich habe verdient, daß es mir gut geht – ist in jeder Lebensphase wichtig. Den Grad unseres Selbstwertgefühls können wir dann später durch positive Erfahrungen, persönliche Anstrengung oder emotionale Neuorientierung weiterentwickeln und steigern.

Selbsterkenntnis, eines der Ziele einer Therapie, schärft den Blick und ermöglicht, uns besser zu verstehen, mit Verletzungen umzugehen, uns auch bei stürmischer See nicht unterkriegen zu lassen. Einem anderen Menschen, einem Freund, einer Liebe, einer Gruppe etwas zu bedeuten kann dafür allerdings entscheidend sein.

Doch ist es damit nicht immer getan.

Etwas Grundlegendes kann uns größeren Schaden zugefügt haben, als wir ertragen konnten. Sind wir schon früh zutiefst verletzt worden, sind wir fortan ständig auf der Hut: Wer wird mich jetzt verletzen, aus welcher Richtung kommt der nächste Schlag, aus welcher Ecke der nächste Verrat? Wenn wir heranwachsen, älter und reifer werden, mit welchem Blick betrachten wir uns dann?

Halten wir gelegentlich inne, um genauer hinzusehen und Fragen zu stellen?

Sind unsere Einstellung und unsere Lebensführung lediglich eine Folge – und eine Wiederholung – dessen, wie wir betrachtet wurden, als wir ein bloßes Abbild im Spiegel waren, oder finden wir zu einer eigenen Haltung, trotz der Anstrengung und dem Schmerz, den uns dies kostet?

Als widersprüchliche Wesen, die wir sind, paaren wir Zögern und Angst mit Eifer und Wagemut. Wir können uns im dunklen Zimmer verstecken oder das Gesicht der Sonne entgegenstrecken, mal diese, mal jene Haltung einnehmen, verschwenderisch sein und konsumieren oder den Sparstrumpf füllen und unseren Besitz mehren. Wir sind das alles, unsere Amnestie oder unser Untergang.

Die anderen sind nicht immer schuld, wenn wir uns eingeengt fühlen. Denn wir können in jeder Situation dem Entwurf der Person, die wir sein wollen, einen Federstrich, einen Punkt, einen Farbtupfer hinzufügen.

Selbst wenn wir uns gezwungen sehen, uns zu verstellen, erklingt doch tief in unserem Innern der Name, den wir uns geben – unsere ganz persönliche Eigenart.

Theorien über die Seele

Je mehr psychologisches Wissen und neue Erkenntnisse über die zwischenmenschlichen Beziehungen uns zur Verfügung stehen, um so unsicherer werden wir.

Je zivilisierter wir werden, um so weniger natürlich sind wir. Zu einer Zeit, da mehr als jemals zuvor von der Natur gesprochen wird, sind wir von ihr weiter entfernt als jemals zuvor. Natürlich sein gilt heutzutage als nicht natürlich.

Das gleiche trifft zu auf das Großziehen von Kindern. Angesichts der tausend Theorien, mit denen uns die Medien bombardieren, und der wuchernden Vielfalt an Therapien (aus den abstrusesten Gründen) stehen wir ratlos da und kommen zu der Überzeugung, daß Kinder Großziehen offenbar nichts sonderlich Natürliches ist.

Aus dem alten Extrem, *Kinder können nicht denken,* sind wir in das andere Extrem verfallen: *Kinder sind kompliziert.* Tausend Rezepte, wie mit einem Kind vom Säuglingsalter bis zum Teenager umzugehen ist, plagen Generationen von verängstigten Eltern. Angst ist jedoch kein guter Ratgeber. Außerdem: Wer unter Druck steht, vermag nicht viel Liebe zu geben …

Den besten Lehrmeister haben wir vergessen: unseren gesunden Menschenverstand. Auf das zu hören, was wir in uns haben, diese altmodische Sache, Intuition genannt, erinnern Sie sich? Voraussetzung ist natürlich, daß wir gesunden Menschenverstand besitzen und etwas in uns haben, auf das wir hören können.

Sonst rennen wir jedes Mal, sobald das Baby wie von Sinnen brüllt oder das schon größere Kind nicht ganz so lebhaft ist (im allgemeinen denkt es dann einfach nur nach und möchte, daß man es endlich einmal in Ruhe läßt), gleich zu einem Spezialisten. Damit er uns beibringt, wie man das Baby hält, ihm die Flasche gibt, ihm ins Auge sieht, wie man unser täglich Kind in den Arm nimmt.

Denn wir sind nicht nur verängstigt, sondern auch orientierungslos. Wir sind es nicht mehr gewohnt zu beobachten und nachzudenken. Wir meiden lieber den Spiegel, der unseren Blick in unser Inneres lenkt. Es dauert immer länger, bis wir innerlich reifen, und immer häufiger reifen wir gar nicht richtig. Wir sind Kinder, die Kinder haben.

Wir halten nicht viel vom Überlegen und Entscheiden. *Wenn wir innehalten und nachdenken, bricht alles zusammen,* hat einmal jemand zu mir gesagt. Wir fürchten, es könnte alles in sich zusammenfallen, wenn wir das im wirren Knäuel verborgene Ende des Fadens entdecken und daran ziehen.

Doch selbst das kann von Vorteil sein: Wir könnten die Scherben zusammenkehren und neu anfangen. Uns womöglich eine innere Struktur schaffen, die besser und natürlicher ist als unsere bisherige und die darauf basiert, unseren Kindern als Vermächtnis Ruhe und eine positive Einstellung mit auf den Weg zu geben, was sich in keinem Buch findet und in keiner Sprechstunde erlernen läßt.

Die Natürlichkeit steckt in einer tiefen Krise.

*

Wenn Gewohnheiten und Instrumente im alltäglichen Gebrauch fast perfektioniert werden, tendieren wir dazu, auch dann komplizierte Strategien einzusetzen, wenn es eigentlich genügte, an Einfachheit und Vernunft zu appellieren. Selbst in einer vorwiegend von positiven Gefühlen geprägten Umgebung stellt sich bereits vor der Geburt eines Kindes Unsicherheit ein, ausgelöst durch unpräzise Theorien oder blödsinnige Rezepte, die nichts mit der Psychologie als Wissenschaft zu tun haben, wohl aber mit dem, was ich als *Illustriertenpsychologisiererei* bezeichne.

Ich möchte noch einmal betonen, daß ich Experten aus dem Bereich der Psychologie sehr schätze. Vier Jahre Therapie haben mir geholfen, eine extrem schwierige Zeit zu überstehen. Wann immer sich die Gelegenheit bietet, singe ich ein Loblied auf meine großartige Therapeutin.

Anders als bei den meisten Berufen bekommen wir es mit den Vertretern dieser Fachrichtung jedoch erst zu tun, wenn es uns schlecht geht. Wir sind verletzlich und kennen die Mäander dieses neuen Ortes nicht. In unserer Hilflosigkeit sind wir den Fachleuten ausgeliefert, die sich mit uns beschäftigen.

Ich habe junge Therapeutinnen erlebt, die ihre Patienten, sowohl Erwachsene als auch Jugendliche, in einer Aufmachung empfingen, die eher zu einem Discobesuch gepaßt hätte als zu dem Ernst einer Therpeutenpraxis. Ich werde nicht müde zu sagen, daß viel ernster ist, was uns in eine solche Praxis führt, als das, weshalb wir uns auf einen Operationstisch legen – denn dort geht es nicht darum, unsere Eingeweide zu reparieren, sondern unsere arme leidende Seele.

Hinter der flotten Teenagerkleidung, Minirock und Top mit Spaghettiträgern, dem üppigen Make-up und der kindischen Sprache mag sich ein durchaus beachtliches Gepäck an Kenntnissen und Theorien verbergen. Doch überlege ich, die ich weder prüde noch Moralapostel bin, ob solche Therapeutinnen damit bei den Menschen Vertrauen wecken können, die in ihrer Not zu ihnen kommen; ob sie ihnen eine Stütze sein und vor allem, ihnen Rat bieten können.

Hier fällt mir die Geschichte einer Gruppe von Assistenzärzten ein, die in einem Krankenhaus mit ihrem Professor auf einer Station Visite machten. Eine junge, aufreizend gekleidete Ärztin kam zum Professor und flüsterte ihm ins

Ohr: »Herr Professor, als ich an das Bett Nummer vierzehn getreten bin, fing der Patient an zu masturbieren.«

Der Professor musterte sie von oben bis unten, dann antwortete er seelenruhig: »Sie sollten sich bedecken, junge Dame.«

Ich bin nicht der Meinung, daß nur Matronen Therapeutinnen sein sollten. Doch sollten sie die Menschen, die bei ihnen Hilfe suchen, nicht noch dadurch verunsichern, daß sie ihnen ihre eigene Seele im Minirock vorführen.

Das mag witzig klingen, doch mir ist es damit ausgesprochen ernst.

Mir ist es sehr ernst mit dem Ernstsein.

Eine Krankheit, ob des Körpers oder der Psyche, nehme ich immer ernst, ebenso das Bedürfnis nach Unterstützung und Hilfe, aus dem heraus die Menschen Fachleute aufsuchen, die den Körper oder die Seele heilen können.

Und das alles gilt genauso für die Rollen von Vater und Mutter zu Hause.

Ein Vater soll weder ein Unmensch noch ein Kumpel sein – er soll Vater sein, Schulter zum Anlehnen und Umarmen; er soll Autorität, Orientierung und Schutz bieten; Kameradschaft, aber auch Entschiedenheit.

Eine Mutter soll keine gute Freundin sein, sondern *Mutter*. Sie soll diejenige sein, von der die Kinder wissen, daß sie auch noch als Erwachsene zu ihr kommen können, wenn nichts mehr weiterhilft, auch die besten Freunde nicht. Sie soll nicht als Pseudo-Teenager in Make-up und Kleidung mit der Tochter konkurrieren oder so tun, als wollte sie die Freunde des Sohnes verführen – wie peinlich das ist, nimmt sie oft gar nicht wahr, als lebte sie nicht im Hier und Jetzt.

Nicht sehr nette, zu strenge Ansichten?

Das Leben kann noch um einiges strenger sein.

*

Lieben heißt, einem Kind ermöglichen, eine ausgeglichene Persönlichkeit zu entwickeln.

Wenn man mich fragt, worin diese Ausgeglichenheit besteht, antworte ich, daß sie bei jedem Menschen anders aussieht. Sie muß stark genug sein, damit uns nicht schon die erste Welle überrollt. Dafür muß man weder besonders gebildet sein noch besonders wohlhabend. Man erreicht es auch nicht mit Theoretisieren oder Diskutieren, wohl aber mit Zuwendung, fester Hand und offenem Ohr.

Die Schlaglöcher im Boden unserer Vergangenheit sind keine Folge davon, daß man uns nur zwei Hosen und zwei Paar Turnschuhe gekauft hat, hingegen keins der modernen elektronischen Spielzeuge, und uns keinen Ballett- oder Fremdsprachenunterricht bezahlt hat. Die Unebenheiten im Gelände, die uns ins Straucheln bringen, so daß wir auf die Nase fallen und uns das Herz bricht, sind bedingt durch ein liebloses Umfeld, durch überforderte oder unglückliche Eltern. Durch sie wird mehr Schaden angerichtet als durch Armut, eine schlechte Schule, bescheidene Kleidung, eine einfache Wohnung, ein Vorstadtviertel oder zuviel Arbeit. Festen Boden unter den Füßen verleihen eine liebevolle Beziehung, Humor und Zärtlichkeit, Interesse für einander.

Wie aber soll man das bewerkstelligen, wenn der Alltag mühsam ist und wir zu Hause kaum miteinander kommunizieren? Wenn Liebe schenken ein Luxus ist, weil wir oft genug nicht einmal Zeit haben, die Zeitung zu lesen, uns zum Monatsende kein Geld bleibt, wir den Tag nicht fröhlich beginnen können.

Deshalb sage ich, *daß ein Kind zeugen und zur Welt bringen eine große Verantwortung darstellt.* Und daß wir nicht nur Körper, sondern vielmehr komplizierte Menschenwesen zur Welt bringen.

Die empfindlichen familiären Beziehungen und die sich eventuell ergebenden Katastrophen, unsere Unsicherheit, die Flut an widersprüchlichen Informationen, die wir kaum richtig einzuordnen vermögen, machen das Erziehen immer schwieriger. Also delegieren wir es an die Krippe, den Kindergarten, die Schule, den Psychologen, den Freundeskreis.

Schließlich kann bei dem Zeitmangel niemand von uns verlangen, daß wir auch noch Gefühle zeigen oder Gespräche führen, wenn wir erschöpft nach Hause kommen, nachdem wir uns geschunden haben, um dem Konsumanspruch der Familienmitglieder gerecht zu werden – oder meinen, ihn erfüllen zu müssen.

Ein Kind zeugen und es zur Welt zu bringen ist natürlich, *es großziehen jedoch heißt, es in eine Kultur einzugliedern, die das Natürliche überlagert*. Und das kann eintönig, langweilig und problematisch sein. Zumal wir vom Extrem der strengen Erziehung zur schlichten Nichterziehung übergegangen sind.

*

Ich habe Erziehung durch Psychoterror kennengelernt, wie sie früher (bevor psychologische Erkenntnisse uns lehrten, weniger grausam zu sein) selbst in geordneten und funktionierenden Familien praktiziert wurde.

»Wenn du die Kerne herunterschluckst, wächst heute nacht in deinem Bauch ein Baum; wenn du lügst, kriegst du eine lange Nase, und dann kommt die Polizei und schneidet sie mit einer riesigen Schere ab; wenn du ungewaschenes Obst ißt, hast du nachher den Bauch voller gräßlicher Würmer …«

Heute verfallen wir in das andere Extrem.

Eltern, die der Flut billiger und nicht immer stichhaltiger Psychologisiererei ratlos gegenüberstehen, trauen sich nicht, ihren Kindern Grenzen zu setzen, weil sie Angst haben, das könnte diese »traumatisieren«. Unsichere oder schlecht informierte Eltern schleppen ihre Kinder zu den verschiedensten Spezialisten für Behandlungen, die oft nicht nötig oder wirklich angezeigt sind. Ich weiß von Eltern, die zum Notdienst ins Krankenhaus fahren, damit die Schwestern dort ihrem Baby die Nägel schneiden oder einfach nur die Temperatur messen, weil »es mir heute etwas warm vorkam«. Oder weil »das Baby seit drei Stunden pausenlos schreit, irgend etwas muß ihm weh tun«, ... und die Ärztin stellt lediglich fest, daß das Kind saubergemacht und frisch gewickelt werden mußte.

Nägel schneiden und ein Thermometer in den Po stecken sind keine Notfälle. Schmutzige Windeln sind kein Notfall.

Aber ein Mangel an Aufmerksamkeit und Liebe kann ein Notfall sein.

Die Psychologie hilft zu verstehen und Erleichterung zu verschaffen, jedoch nicht, eine Persönlichkeit zu formen. Desgleichen sind Krippe, Kindergarten und Schule nicht das Zuhause und auch nicht die Familie, Lehrerinnen sind nicht Mütter oder Tanten, und ganz egal, wie angesehen und tüchtig sie sein mögen, was uns eine Herzensangelegenheit sein müßte, sollten wir nicht Dritten überlassen.

Und worin besteht diese Herzensangelegenheit?

In dem hektischen und schwierigen, gelegentlich gar grausamen Alltag Raum für Zärtlichkeit schaffen. Die Tür zum Gespräch offenlassen, nicht zum vorher vereinbarten, festen Termin, sondern so, wie es sich aus Interesse und Zuwendung ganz normal ergibt. Liebe in der Familie ist eine Kunst, ein Balanceakt, mitunter sogar eine Heldentat. Und so lebensnotwendig wie die Luft, die wir zum Atmen brauchen.

Auf das Leben vorbereiten kann man nicht mit Phrasen, wohl aber im Zusammenleben. Auf künftige Beziehungen vorbereiten, auf das eigene Leben, die eigene Familie, den eigenen Beruf, kann man nur, indem man selbst menschlich, liebevoll, großzügig, entschieden ist und moralische Grundwerte vertritt.

Indem man Mensch ist.

Daß das Leben ein Gut ist und daß wir Freiheit und Glück verdienen, vermittelt man, indem man selbst daran glaubt. Unser ganzes künftiges Verhalten wird uns zu Hause vorgelebt. Welche Achtung einem Kind entgegengebracht wird, wirkt sich darauf aus, welche Achtung es später anderen und sich selbst gegenüber haben wird. Kommt noch ein Kind, lernt das erste zu teilen, und beide lernen auf gesunde Art miteinander zu konkurrieren, großherzig zu lieben und *einander aufzuwerten.*

Dies flößt man nicht mit einstudierten Phrasen ein, sondern mit einer Grundhaltung. Mit dem, was als Atmosphäre bezeichnet wird.

Welche Atmosphäre herrscht bei uns zu Hause?

Wenn unsere Grundhaltung von Mißtrauen geprägt ist, werden keine Worte, keine Spiele, keine Therapie das Kind davon überzeugen, daß Lieben nicht lebensgefährlich ist, daß Vertrauen möglich ist oder davon, daß sogar die Geburt eines Geschwisters ein Gewinn sein kann.

Denn die Umgebung, in der das Kind lebt, wird ihm vermitteln, ob es schön ist, eine Familie, Geschwister, Freunde, eine Liebe zu haben, ob das alles sich lohnt – ob es möglich ist zu lieben und zu achten, ohne verraten zu werden.

Das Zusammenleben bringt Probleme und Reibereien mit sich, aber auch Freude und ein Wachsen der Persönlichkeit. Wird es unter den Geschwistern Eifersucht geben? Ja. Auch das ist normal, als Vorbereitung auf künftige Bindungen.

Teilen müssen kann unangenehm, ja sogar schlimm sein – wer hätte nicht gern alles für sich allein: das Spielzeug, die Eltern, die Wohnung, die ganze Welt? Doch stärkt das Teilen die Selbstachtung und die Fähigkeit zur Interaktion. Es ist positiv, aber es muß uns auch als solches präsentiert werden. Nichts von alldem erfordert eine besondere Ausbildung oder finanzielle Mittel. Wohl aber Zuwendung,

Feingefühl, Zärtlichkeit – das mindeste, was der Mensch, den wir in die Welt gesetzt haben, von uns erwarten kann.

*

Was wir tatsächlich unseren Kindern vermachen, ist nicht das Haus, nicht das Bankkonto, auch nicht ihre Ausbildung, wie noch unsere Großeltern zu sagen pflegten.

Der wahre Schatz, von dem sie zehren werden (oder sich werden befreien müssen), ist das, was wir ihnen tagtäglich mit auf den Weg geben. Das findet sich nicht in Worten, die zu bestimmten Anlässen im Rahmen von Weihnachtsfesten oder Geburtstagsfeiern gewählt werden, nicht in Strafpredigten oder Lobliedern.

Doch Sätze wie die folgenden sind dafür verantwortlich, daß sich der Schleier des Mißtrauens senkt:

»Du brauchst Geschwister, damit du lernst, nicht so egoistisch zu sein!«

»Wenn dein Bruder auf die Welt kommt, dann ist hier Schluß mit dem Schlendrian.«

»Ein Glück, daß du nächstes Jahr zur Schule kommst, da wird man dir Disziplin beibringen.«

»Wenn du groß bist, wirst du was erleben, also nutz die Jahre, in denen du spielen kannst.«

»Wenn du mal heiratest und Kinder hast, wirst du sehnsüchtig an die Zeit zurückdenken, als du selbst noch ein Kind warst.«

»Wärst du doch bloß schon verheiratet und hättest einen Haufen Kinder, damit du wüßtest, wie schlimm Sehnsucht sein kann ...«

Sind wir emotional so verödet, daß wir Zuneigung als eine Pflicht betrachten? Empfinden wir dies wirklich, denken wir so, haben wir so armselige Gefühle ... oder glauben wir, daß Drohungen erzieherisch wirken? Und wenn man uns das beigebracht hat, was können wir tun, um das wiedergutzumachen?

Schlimmer noch: Weit deutlicher als Worte sprechen unsere Gesten, unsere Stimme, unser Blick, die unbewußt wirkende Chemie. Die in unserem Schlafzimmer, unserem Bett, unserem Haus, an unserem Tisch herrschende Atmosphäre: Zuneigung oder Intoleranz, Partnerschaft oder Illoyalität gegenüber dem Einzelnen, der Gruppe.

Reibereien gehören zum Alltag und richten fraglos weniger Schaden an, als wenn sie verdrängt werden. Was unter den Teppich gekehrt wird, arbeitet wie ein tödlicher Tumor, weil es im verborgenen wirkt. Alle Beziehungen müssen dann und wann neu abgesteckt werden, auch wenn es dabei manchmal überstürzt und nicht ganz schmerzlos zugeht.

Doch gehöre ich zu denen, die glauben, daß es trotz allem möglich ist zu lieben, zumindest mehr und besser zu lieben – mit Freude zu lieben. Die Menschen, die uns lieben – und die wir lieben –, sind nicht zwangsläufig schön, gesund, angenehm. Das gilt auch für Eltern und Kinder.

Nicht jeder, der Kinder hat, liebt Kinder.

Das ist kein Persönlichkeitsdefizit und auch nichts Abartiges.

Manche Menschen empfinden, wenn sie zum ersten Mal ihr eigenes Kind im Arm halten, eine ganze Palette bislang unbekannter Gefühle, die sie plötzlich übermannen und bereichern.

Bei anderen ist die Seele so knochig, wie es manche Umarmungen sind. Aber es gibt auch Menschen, die schlicht und einfach nicht dazu geboren sind, Eltern zu werden, obwohl sie andere Gefühle durchaus genießen können.

Diese Menschen, *Männer wie Frauen* (denn wir sind nicht bloß von unserem Instinkt Getriebene), sind dafür emotional nicht ausgestattet. Oder aber sie haben ihrerseits, als sie klein waren, nicht lieben gelernt.

*

»Papa, sieh mal da, wie hübsch! Hältst du mal an, damit ich für Oma einen Strauß pflücken kann?»

Das kleine Mädchen hat gelbe und violette Wiesenblumen gepflückt und sie die ganze Fahrt über auf dem Schoß gehalten, ihre Augen funkeln vor Freude. Als sie ankommen, rennt sie los, um der Großmutter die Blumen zu überreichen. Ganz unwillkürlich zuckt die Großmutter zurück und sagt in schroffem Ton: »Wirf die weg, Blumen vom Straßenrand sind schmutzig, und außerdem ist da Ungeziefer drin!»

Nie werde ich den Gesichtsausdruck des kleinen Mädchens vergessen.

Die Frau, die so kalt reagierte, war kein schlechter Mensch. Sie war auch nicht vollkommen gefühllos. Nur dürfte ihr Vertrauen in Menschen und Dinge eines Tages erschüttert worden sein, vielleicht als auch sie als kleines Mädchen mit dem Arm voller Blumen vor einem seelisch verkrüppelten Erwachsenen stand.

»Du warst ein Unfall, natürlich liebe ich dich, aber ich wollte nie Kinder haben« oder »Ich wollte nur deinen Bruder haben, aber dein Vater wollte gern noch eine Tochter haben« – solche Sätze sind Ohrfeigen, nur treffen sie nicht das Gesicht, sondern das Selbstwertgefühl.

Manche Menschen sollten sich nicht emotional überanstrengen, indem sie Kinder in die Welt setzen. Ich glaube nicht an sklavische oder versklavende Gefühle, was für mich wesentlich ist, kann für einen anderen Menschen entbehrlich oder zuviel sein. Deswegen sind aber weder der andere Mensch noch ich besser oder schlechter. Kinder sind eben keine Garantie für eine einigermaßen gute Beziehung.

Aber weil wir meinen, wir müßten, weil die Familie danach fragt, weil die Gesellschaft es erwartet, weil der Ehepartner immer davon geträumt hat, weil wir es von uns selbst fordern, bekommen wir ein Kind, obwohl uns die

Vorstellung gar nicht so gut gefällt. Und dann, aus weiß der Himmel welchem Grund (weil wir »nicht aufgepaßt« haben, um die Ehe zu retten, um etwas gutzumachen, um die Leere auszufüllen), noch eins oder zwei weitere. Bühne frei für die emotionale Demontage, die dann immer größere Kreise zieht wie ein ins Wasser geworfener Stein.

Als ich erzählte, wie sehr ich mich freute, weil in meinem Haus Zwillingsmädchen zur Welt kommen sollten, bekam ich in tadelndem Ton zur Antwort: »Du willst also tatsächlich die brave Großmutter spielen, die sich um ihre Enkel kümmert?«

Andere, denen wir die Neuigkeit mitteilten, reagierten ebenfalls negativ, und zwar spontan und auch aufrichtig: »Zwillinge? Zwei Mädchen auf einmal? Das wird ja eine Schinderei! Mit eurer Ruhe ist es dann vorbei! Deine arme Tochter! Und die Schwester, die Ärmste, ist sie sehr eifersüchtig?«

Es wurde die doppelte Arbeit, aber auch die doppelte Freude. Richtig. Eifersucht ist die natürliche Reaktion eines jeden Kindes, in dessen Welt *Konkurrenten* und *Gefährten* erscheinen. Nicht zwangsläufig *Feinde*. Geschwister bekommen ist normal, es ist eine Freude, wenn auch im Haus Freude herrscht. Jedes Kind, das in einer vernünftigen Umgebung aufwächst und Geschwister hat, lernt dadurch zu teilen, auf andere Rücksicht zu nehmen und sich selbst zu behaupten, ohne die anderen kleinmachen zu wollen.

Noch heute, nachdem die Zwillinge schon ein paar Monate alt sind, werden wir gelegentlich gefragt: »Und, die arme Schwester, wie kommt sie damit zurecht?«

Ich, die sie täglich beobachte, würde sagen, daß sie wunderbar damit zurechtkommt. Als Kind, das in einer liebevollen und entspannten Atmosphäre aufwächst, löst sie das »Problem« auf verschiedene Arten. Das zeigt sich in bezaubernden Reaktionen wie diesen:

Sie hat eine Haarspange geschenkt bekommen, die zwei gleiche Püppchen zieren. Jemand fragt sie: »Sind das deine kleinen Schwestern?«

Antwort: »Nein, wieso das denn, das sind meine Mama und ich.«

Wir hatten große Stoffpuppen für die Kinderbettchen gekauft. Die Schwester schnappte sich die eine Puppe und trug sie ein paar Tage lang mit sich herum. Als sie darauf angesprochen wurde, sagte sie: »Mama hat eine Puppe für mich und eine für Fernanda gekauft und Fabiana vergessen, aber für die kauft sie auch noch eine.«

Wir haben sie nicht getadelt und nichts richtiggestellt. Sie war dabei, in ihrer Welt jedem Kind seinen Platz zuzuordnen, und ihr eigener war ganz gewiß weder der letzte, noch war er ernsthaft bedroht. Nach kurzer Zeit legte sie die Puppe dann der Schwester ins Bett und wandte sich wieder ihren gewohnten Spielsachen zu.

Noch muß einiges im Haus neu organisiert werden, insbesondere für das kleine vierjährige Mädchen. Denn wir haben es zusätzlich mit zwei kleinen Lebewesen zu tun, die ständig nach irgend etwas verlangen. Manchmal stehen sämtliche Frauen im Haus um die beiden Kinderkarren herum, wie die guten Feen im Märchen, und wollen bewundern, lieben und helfen.

Ich habe Fotos von meinem Schreibtisch, da findet sich eine Babyflasche neben dem Computer, oder die beiden Babys in ihren Karren schlafen neben dem Stuhl, auf dem ich beim Schreiben sitze.

Eine lästige Pflicht?

Eine Entscheidung aus Liebe.

Nicht, weil ich ein guter Mensch wäre oder etwa eine Großmutter so richtig vom alten Schlag. Sondern weil dies für uns alle eine Lehre in Sachen Arbeit und Begeisterung bedeutet. Wir üben uns darüber hinaus in Zärtlichkeit, Geduld und Reflexion.

Unterm Strich überwiegt jeden Tag ganz fraglos die Freude, und es werden emotionale Bande geknüpft, denen die Zeit nichts wird anhaben können.

Auf der Bühne des Familienlebens hoffe ich so zu sein, wie ich immer sein wollte: ein verletzlicher und komplizierter Mensch, doch voller Liebe, der das Zusammensein mit den anderen genießt. Trotz all meiner Fehler, Mängel und Manien weiß ich Gefühle und Beziehungen zu schätzen, und ich sonne mich in dem Bewußtsein, daß es sich letzten Endes lohnt.

Ich erwarte nicht ständig, daß mich im nächsten Augenblick jemand betrügen wird. Ich fürchte es zwar. Doch häufig täusche ich mich. Vermutlich verletze ich die Menschen, die ich liebe, und garantiert bin ich gelegentlich grundlos gekränkt.

All die kleinen menschlichen Dramen habe ich selbst erlebt. Im Laufe der vielen Jahre und vielfältigen Beziehungen habe ich oft große Freude erwartet und ein Fiasko erlebt. Wenn ich mir Zweisamkeit vorstellte, wurde es Einsamkeit. Wenn ich in den Arm genommen werden wollte, wurde ich weggeschoben.

Doch vieles wurde auch Wirklichkeit, war schön und wunderbar und übertraf bei weitem meine Erwartungen.

Hier, auf dem Feld der uralten familiären Gefühle – das mit der Zeit und durch die modernen Lebensumstände eingeschränkt wurde – gewinne ich nach wie vor mehr, als daß ich verliere. Ich hoffe, daß in den kommenden kleinen oder großen Stürmen die Erinnerung an Hoffnung, Liebe und Loyalität überleben wird.

*

Der Mann suchte nach den Autoschlüsseln (die Frau war schon weg, um die Kinder zur Schule zu bringen), da klingelte es.

Leicht gereizt, weil er sowieso schon ziemlich spät dran war, öffnete er: »Ja, bitte?«

Der fremde junge Mann, androgyn, schön und häßlich, groß und klein, schwarz und blond, winkte mit dem gekrümmten Zeigefinger: »Ich bin gekommen, um dich zu holen.«

Er brauchte nichts zu erklären, der Mann begriff sofort: Vor ihm stand der Todesengel, und es gab für ihn kein Entrinnen. Da er jedoch gewohnt war zu verhandeln, überlegte er trotz seiner Bestürzung blitzschnell, daß es zu früh war, viel zu früh, und versuchte zu argumentieren: »Aber wieso, was soll das? Jetzt gleich, ohne jede Vorwarnung? Ohne eine vernünftige Frist?«

Der Engel lächelte, ein gütiges, aber auch hinterlistiges Lächeln, seufzte und sagte: »Wird mich denn in dieser Welt nie jemand ausnahmsweise mal freundlich empfangen, ist denn keiner je bereit? Richtig, du bist erst vierzig Jahre alt, aber auch Achtzigjährige weigern sich …«

Der Mann verstärkte den Griff um die Autoschlüssel, die er inzwischen in der Jackentasche gefunden hatte, und bohrte weiter: »Bitte, gib mir noch eine Chance.«

Der Todesengel bekam Mitleid mit ihm, der gestandene Mann war wirklich in Panik. Ach, diese Menschen … In einem Anfall von Gutmütigkeit lenkte er ein: »Na schön. Ich will dir eine Chance geben, wenn du mir drei gute Gründe nennen kannst, warum du jetzt noch nicht mitkommen willst.«

(Blitzte es da nicht boshaft in den blauen und schwarzen Augen des Engels auf?)

Der Mann richtete sich auf, na also, er hatte doch gewußt, daß es klappen würde, im Verhandeln war er schon immer gut gewesen. Doch als er den Mund aufmachte und ansetzte, alle seine guten Gründe zu nennen, und es waren viel mehr als nur drei, da reckte der Engel gebieterisch einen Finger in die Luft: »Moment mal. Drei gute Gründe, aber … es hat keinen Sinn, daß du sagst, deine Geschäfte müßten geordnet werden, deine Familie sei nicht abgesichert, deine Frau wisse nicht, wie man Schecks ausstellt, deine Kinder wüßten nichts vom wirklichen Leben. Worauf es ankommt, bist du. Du ganz allein. Aus wel-

chem Grund würde es sich lohnen, dich noch eine Weile hier zu lassen?«

*

Diese Fabel, die man mir erzählt hat, habe ich schon in einem anderen Buch verarbeitet, doch da ist es eine Frau, die dem Engel die Tür öffnet. Und bevor sie damit beginnt, ihre Gründe aufzuzählen, hält der Engel ihr entgegen: »Daß dein Mann und deine Kinder dich noch brauchen, das kannst du dir sparen ...«

In dieser Geschichte geht es darum, was *wir uns selbst* wert sind, was wir *um unserer selbst willen* verdienen, was wir wirklich *über uns* denken, *für uns* empfinden.

Ein Mann, der sich seiner Grenzen und seiner Stärken vollkommen bewußt war, hat einmal ganz gelassen zu mir gesagt: »Wenn ich heute mit meinen einundsechzig Jahren dem idealistischen jungen Mann begegnete, der ich mit achtzehn war, dann würde ich mich nicht genieren, ihm die Hand zu reichen, und ich würde ihm in die Augen sehen, müßte nicht den Blick senken.«

Das sagte er ohne jede Spur von Pathos oder Überheblichkeit, eher locker und gut gelaunt. Diese leise Ironie drückt dabei keineswegs Verachtung sich selbst gegenüber aus, sondern Liebe.

Wie viele von uns könnten das sagen? Mit welchen Argumenten würden wir den Engel zu überreden suchen, uns noch nicht mitzunehmen? Ein guter Anlaß, einmal darüber nachzudenken, wie die Zeit vergeht und wie weit wir in dieser Zeit an menschlicher Größe gewonnen haben.

Darüber, wie wir uns neu programmieren, uns befreien, umstrukturieren, wieder aufrichten, boykottieren oder unseren Anteil an Menschlichkeit in ein persönliches Projekt einbringen können, das in irgendeiner Weise sinnvoll ist.

Ein guter Anlaß, um darüber nachzudenken, wie *wertvoll es ist, Werte zu haben;* den Wert des Lebens zu schätzen, es nicht nur oberflächlich zu leben. Halten wir in all unseren Aktivitäten dafür gelegentlich inne – oder betäuben wir uns mit der Hektik der Medien, der Mode, des Konsums, der Jagd nach dem besten Gehalt, dem besten Platz, dem besten Tisch im Restaurant, der besten Möglichkeit, den anderen zu täuschen, und ein – wenn auch nur winziges – Stückchen von unserem Platz tief unten aufzusteigen?

»Also, ich halte meine Werte hoch.«

»Ich habe meinen Kindern meine Werte vermittelt.«

Wir verwenden den Begriff, ohne lange nachzudenken. Doch was für Werte sind das, wie sehen sie aus? Sind die Werte, nach denen ich zu leben versuche, nicht irgendwann in einer Moralpredigt genannt oder einfach so dahingesagt worden? Manifestieren sie sich darin, wie ich mich im Alltag in der Familie, bei der Arbeit, Freunden gegenüber oder in der Liebe verhalte?

Sobald wir uns dessen bewußt werden, daß es uns besser ginge, wenn wir uns mehr liebten, beginnen wir daran zu arbeiten. Denn dann versuchen wir, die Dinge aus einer anderen Perspektive zu betrachten –, und statt nur auf die Mauer vor uns zu starren, beziehen wir einen Ausschnitt der Landschaft dahinter mit ein. Es tut gut, sich vom Opfer zum selbstbestimmten Menschen zu wandeln.

Reifen hilft, die Wirklichkeit klarer zu erkennen, und das ist beileibe keine Katastrophe. Lesen hilft. Die Augen für das Schöne und Positive öffnen hilft. Lieben und geliebt werden hilft. Eine Therapie hilft. Zumindest hilft sie uns, den Kopf über Wasser zu halten, statt in Selbstmitleid zu ertrinken.

Allerdings ist es nicht möglich, sich völlig neu zu erfinden – die Kontur unserer Grenzen, das Terrain, das sie umschließen, sind vorgegeben. Wir tragen ein Prägezeichen auf der Seele, aber wir können seine Gestalt neu bestimmen. Vielleicht hier die Farben etwas verändern, dort eine Bresche schlagen und an dieser Stelle einen Unterschlupf errichten.

Viel hängt davon ab, was wir uns erhoffen und glauben.

Ich finde, daß wir uns im allgemeinen mit sehr wenig zufriedengeben. Ich spreche nicht von Geld, Auto, Wohnung, Kleidung, Schmuck, Reisen, davon kriegen wir nie genug. Ich meine die menschlichen Schätze: Ethik, Loyalität, Freundschaft, Liebe, schöne Sinnlichkeit.

Dabei sind unsere Flügel gar nicht so schwach, daß wir uns kaum über den Boden erheben oder sie unser Gewicht gerade einmal tragen könnten. Wir sind nicht so feige, daß wir den Kopf nicht aus unserem Schneckenhaus recken und einen Blick wagen könnten – wer weiß, vielleicht erwartet uns in der Zeit, vor der wir davonlaufen, ja etwas wie Zukunft, Vertrauen, Pläne, Leben, und wir müssen nur zugreifen.

Auch wenn wir es nicht wahrhaben wollen, dies alles ist Veränderung und Fortschritt, ist ein Sammeln von Erfahrungen. Es sind Geburtswehen unserer Selbstwerdung, und zwar jeden Tag aufs neue.

Wir sind besser, als wir glauben.

Bleibt zu hoffen, daß wir auf den Spiegel, den man uns bei unserer Geburt vorgehalten hat, doch mehr als Leere, als ein Nichts, als Enttäuschung projiziert haben: ein vollständiges Gesicht, vielleicht eine ganze Landschaft, von den Veranden unserer Seele aus gesehen.

3. *Bändigen, um nicht gefressen zu werden*

Es braucht keine Zustimmung
Und auch kein Können,
Nicht Schönheit und nicht Erfahrung:
Das Leben ist immer hier
Und immer jetzt.
(Mein Leben ist mir gegeben,
Damit ich es wage.)

Das Leben kann blühen
Ein ganzes Dasein lang.
Doch will es erforscht,
Erobert werden.

Die Geisha in der Wohnzimmerecke

Vor einigen Jahren, als ich schon über die spezifischen Fragen dieses Buches nachdachte, nahm ich mir vor, Frauen in Gruppen zusammenzubringen, um mit ihnen über das Thema *Reiferes Alter – Gewinn & Verlust* zu diskutieren.

Ich bat eine befreundete erfahrene Therapeutin, sich daran zu beteiligen. Es sollten zwar keine Therapiesitzungen sein, dennoch würde ich viel direkter als in Vorträgen oder Büchern mit dem einzigartigen Wesen zu tun haben, das sich die menschliche Seele nennt. Und ich wollte, falls es zu kritischen Situationen käme, nicht hilflos dastehen.

Wir hatten vor, Gruppen von höchstens zehn Frauen zu bilden und sie über ihre Gedanken und Erfahrungen mit dem Thema *Reifer werden* sprechen zu lassen. Wir wollten bei jedem Treffen einen Aspekt des Themas in den Raum stellen oder die Teilnehmerinnen um Vorschläge bitten. Es gab keine strengen Regeln. Jede Frau, die wollte und sich dazu imstande fühlte, sollte ihren Standpunkt oder ihre Gedanken zu einem bestimmten Thema darlegen. Alle sollten sich äußern und mitdiskutieren können.

Heute wollen wir über unsere Ängste sprechen.

Über Dinge, die wir bereuen oder die uns Freude machen.

Über unsere Pläne und Träume.

So ein Vorschlag konnte ganz schlicht in einem Satz gemacht werden oder aber mit Hilfe eines Textes, den alle zu lesen bekämen. Als erstes wollten wir herausfinden:

Wer bin ich oder glaube ich zu sein … Wer möchte ich sein, wer wäre ich gern?

Warum bemühen wir uns mit einem so großen Kraftaufwand zu sein, wer wir nicht sind, nicht sein können – und womöglich auch gar nicht sein wollen?

Hängt das von einem selbst ab? Wenn ja, welche Rolle spielt es dann, ob ich mich selbst mag? Möchte ich glücklich sein, gesund, liebenswert, von guten Gefühlen umgeben, oder genieße ich es in Wirklichkeit, verbittert und gekränkt zu sein? Ist das »meine Art«?

Oder, falls ich mich ändern möchte – wie kann ich das, und wie komme ich mit den Auswirkungen meiner Veränderung zurecht?

Wie unter Frauen üblich, stellte sich fast sofort ein Klima der Gesprächsbereitschaft und Solidarität ein. Die einen waren schüchterner, die anderen extrovertierter, manche zurückhaltender, andere kamen mehr aus sich heraus – schon bald bestimmten sie selbst den Verlauf des Gesprächs, mal in vertraulichem Ton, dann wieder wurde lebhaft diskutiert. Tränen, Lachen. Verwunderung: »Du liebe Zeit! Und ich dachte, ich wäre damit ganz allein und niemand außer mir hätte dieses Problem.«

Nichts sonderlich Intimes, lediglich Äußerungen, die uns zu intensivem Nachdenken anregten, wenn wir von den Treffen nach Hause gingen. Ganz ohne Zweifel haben wir von diesen Frauen gelernt, und sie machten in der Gruppe das Beste, was sie für sich tun konnten: verstehen wollen, sich ändern wollen, glücklicher sein wollen.

*

Die Frauen waren zwischen vierzig und achtzig Jahre alt, die Mehrzahl in den Fünfzigern. Hausfrauen oder Freiberuflerinnen, aber alle geistig sehr wendig – eine Grundvoraussetzung für jegliche Diskussion. Sie gehörten der Generation der Pionierinnen an, die wir ja alle sind – uns sind keine Muster vorgelebt worden, an denen wir uns hätten orientieren oder gegen die wir hätten verstoßen können, denn die Welt unserer Mütter ist in vielerlei Hinsicht so weit von der unsrigen entfernt, daß man sie nicht vergleichen kann.

Am meisten machte uns zu schaffen, wie gering unser Selbstwertgefühl immer noch war – unabhängig vom jeweiligen Beruf. Unsicherheit schien unser Kennzeichen zu sein, Ungewißheit darüber, was wir wert waren und was wir aus uns nicht nur machen »müßten«, sondern auch tatsächlich könnten.

Jahre, Jahrzehnte, Jahrhunderte kultureller Vorurteile hielten uns, trotz aller Neuerungen, weiterhin in ihrem Bann. Was aber fehlte uns?

Zunächst einmal die Fähigkeit, die Dinge klar zu erkennen.

Unsere Gefühle waren diffus. Wir empfanden Unruhe und Unzufriedenheit, doch gestatteten wir uns nicht, diese Gefühle zu präzisieren. Ein allgemeines Unbehagen hatte die Teilnehmerinnen zu dem Treffen geführt. Wie aber damit umgehen?

Nun kam es darauf an, das Unbehagen klarer zu definieren. Im Gespräch wurden die Fragestellungen eingegrenzt und wir bekamen sie allmählich in den Griff – wie es so oft geschieht, wenn wir die Dinge beim Namen nennen –, die Konturen zeichneten sich deutlicher ab, die verschiedenen Formen unseres Unbehagens schälten sich heraus.

Zu den wichtigsten zählte das Unbehagen darüber, wie unscharf die Trennlinie zwischen Liebe und Knechtschaft ist. Zwischen Großzügigkeit und Selbstvernichtung. Zwischen Anpassung und Selbstbeschneidung.

Wenn wir etwas, gleich welcher Art, ändern wollen, müssen wir zunächst erkennen, was daran verkehrt ist, zum Beispiel an unserer Liebesbeziehung, an unserem Zuhause, an unserer Arbeit … an uns selbst. Wo wir zu Opfern gemacht wurden, aber auch in welchem Maße wir selbst dazu beigetragen haben. Und wir müssen uns fragen: Was kann ich tun, wie kann ich es tun, und kann ich es überhaupt noch?

*

Ein gesprochenes Wort, ein gelesener Text können uns vor Augen führen, was offensichtlich sein sollte, es aber nicht ist: Weil uns etwas zu sehr beunruhigt, wollen wir lieber nicht daran rühren, den Mantel der Resignation darüber breiten.

In der Gruppe machten wir uns nach und nach bewußt, daß Liebe keine Knechtschaft sein darf. Daß wir in jedem Alter auf uns selbst setzen können. Daß es möglich ist, neue Türen aufzustoßen und, falls nötig, weitere ringsum und in uns selbst einzutreten.

Daß wir Entscheidungen treffen müßten, für uns persönlich neue Prioritäten setzen, Verträge überprüfen und Abmachungen bestätigen. Vieles davon würde einfach stillschweigend geschehen können. Aber vieles würde auch diskutiert, in der Familie oder anderswo erkämpft werden müssen.

Eine neue Lebensform war möglich, und das löste Verunsicherung aus. So manche Frau fragte sich, ob es nicht besser wäre, wenn alles so bliebe, wie es vor Beginn der Treffen gewesen war – so lau und dumpf wie der Alltag und die gestutzten Träume, mit denen sie sich eigentlich längst abgefunden hatten.

»Und was machen wir jetzt?« fragten sie, begeistert oder erschrocken.

Sie alle wollten tun, was besser, vernünftiger, machbar war – oder es sein lassen. Denn für manche gab es einzig die Möglichkeit, alles so zu belassen, wie es war. Für sie alle jedoch sollte nichts mehr so sein, wie es immer gewesen war: Das Gewohnte zu hinterfragen, auch wenn es sich mitunter nicht ändern ließ, verschaffte ihnen das Gefühl, lebendig zu sein.

*

Im Mittelpunkt stand immer das Thema Liebesbeziehung. Die Beziehung zu den Eltern für manche, das Verhältnis zu den Kindern für viele, das Zusammenleben mit dem Partner für praktisch alle.

Wenn Frauen sich in eine Beziehung fügen, in der sie eingeengt oder ihre Talente beschnitten werden, so sind sie häufig dazu erzogen worden, anderen zu gefallen, keine liebevollen Gefühle zu hegen, sondern ihre Rolle zu spielen und ihre Pflicht zu erfüllen. Keine besonders stabile Grundlage für eine positive Beziehung zu Kollegen, Freunden, Ehemann oder Kindern.

Die immer verfügbare Mutter und die unterwürfige Frau, selbst der ewig hilfsbereite Kollege oder Angestellte erzeugen in ihren Mitmenschen Schuldgefühle und Aversionen. Ein solcher Mensch erlebt doppelte Einsamkeit: die Einsamkeit dessen, der sich unterwirft, und die Einsamkeit dessen, der – noch nicht einmal willentlich – andere unterjocht. Das Zusammenleben mit ihnen führt weder zum Dialog noch zur Partnerschaft, sondern zu einem enttäuschenden Monolog zu zweit.

Es wäre für viele wie ein Wunder, wenn man daran etwas ändern könnte. Dabei böte allein der Versuch, etwas zu ändern, ungeahnte Möglichkeiten zur Selbstverwirklichung des einzelnen, aber auch beider Partner gemeinsam.

Mit Altgewohntem zu brechen, und sei es nur mit der Frisur oder dem Stammplatz am Eßtisch, ist schwierig. Für einen weniger gefestigten Menschen kann sich daraus eine Schlacht mit vielen gegenseitigen Verletzungen entwickeln.

Sich ungerecht behandelt zu fühlen tut weh, doch sich damit abzufinden kann verführerisch bequem sein: »Da ist nichts mehr zu machen, mit mir ist das so. Meine Eltern, mein Mann, das Schicksal sind brutal mit mir umgegangen. Jetzt ist es zu spät.«

Die Wunden, die andere – oder wir selbst – uns geschlagen haben, stehen, Wachposten gleich, anklagend vor unserer Tür. Solche Gespenster wollen unter Kontrolle gebracht sein, damit sie uns nicht mehr manipulieren können. Noch mit jahrelanger Verspätung läßt sich durch ein gutes Gespräch ein Mißverständnis aus der Welt schaffen, und wir würden staunen, wie oft derjenige, der uns ein Leid zugefügt hat, keine Ahnung davon hatte.

Anderes hat sich uns wahrhaftig unauslöschlich eingebrannt, uns deformiert. In solchen Fällen braucht man Güte, aber auch eine gute Portion Eigenliebe, man muß weise sein und sich so akzeptieren können, wie man ist (ich verwende hier bewußt nicht den Begriff »Resignation«, weil ich ihn nicht mag).

Viele Frauen beklagten, daß sie vor Jahren etwas getan oder aufgegeben hatten: Sie hatten die falsche Wahl getroffen, etwas unterlassen, sich mit etwas abgefunden oder sich unterworfen. Unsicherheit, Ungewißheiten. Ehen, die sie als halbe Kinder eingegangen waren, schwerwiegende Entscheidungen, die sie unbedacht gefällt hatten, eine ernstzunehmende Verantwortung, die sie sich aufgebürdet hatten, als sie noch viel zu unreif waren.

Die eine hatte aufgehört zu arbeiten, weil die Kinder kamen, und ihr Mann wollte nicht, daß sie mit einem Kindermädchen aufwuchsen. Die andere hatte ihr Studium abgebrochen, weil die Kinder sich beschwerten, daß sie nicht zu Hause war. Wieder eine andere hatte erst gar kein Studium aufnehmen können, weil der Vater fand, die Töchter gehörten ins Haus. Die nächste hätte in einem anderen Bundesstaat promovieren können, doch nicht den Mut gehabt, diesen Wunsch zu äußern, weil ihr Mann »wütend geworden wäre«.

Eine Frau gestand, sie habe nie Kinder haben wollen, weil sie sich als wenig mütterlich empfunden habe, ihr wahrer Wunsch sei es gewesen, im Beruf, den sie leidenschaftlich liebte, Karriere zu machen, doch erst jetzt, wo die

Kinder groß seien, könne sie ihn wirklich zu ihrer Zufriedenheit ausüben.

Aber warum hatte sie dann Kinder bekommen, und zwar drei an der Zahl? Ganz einfach, weil das für eine junge Frau üblich war, weil Ehemann und Eltern das erwarteten. Deshalb.

Während sie von diesen alten Geschichten sprachen, wirkten sie wie kleine Mädchen, die man bei etwas Verbotenem ertappt hatte. Nur weil sie gewagt hatten, eigene Wünsche zu hegen. Die eine oder andere schüttelte lachend den Kopf: »Mein Gott, was war ich dumm.«

Sie waren der Inbegriff der guten, hingebungsvollen Frau, die sich in einer Beziehung – mehr Gefährtin denn Geliebte – dem Manne unterwarf, seinerseits ein stereotypes Modell seines Geschlechts. Wahrscheinlich war die Einsamkeit ihrer Männer nicht weniger groß als die zwischen ihnen herrschende Ungleichheit.

Wir schlugen vor, alle sollten – jede auf ihre Art – noch einmal Revue passieren lassen, was sich damals abgespielt hatte. Warum sie auf die eine oder andere Weise gehandelt hatten. Was sie nun, so viele Jahre später, dagegen unternehmen konnten.

»Also, ich kann da gar nichts machen«, sagte eine Frau, »schließlich ist es zwanzig Jahre her, das ist jetzt aus und vorbei.«

Wir neigen dazu, solch kleine Leichen mit uns herumzuschleppen: »Ach, hätte ich doch … hätte er doch …«

Ich kann um den Graben herumgehen und so tun, als gäbe es kein Problem; ich kann mich weinend an seinen Rand legen; mich mit meinen Fähigkeiten und Hoffnungen in ihm begraben; ihn mit Laub, Zweigen und Brettern bedecken und so tun, als wäre nichts geschehen. Ich kann versuchen, mit etwas Positivem – von Fall zu Fall variierend – die negative Bilanz aufzupolieren. *Ich kann mich fragen: Warum habe ich in der Situation damals so gehandelt?*

Aus Unwissenheit, aus Feigheit, aus reinem Selbstzerstörungstrieb?

Mit dem relativ klaren Blick, den uns das reifere Alter schenkt, sehen wir, daß der größte Teil dieser »Gräben« seinen Schrecken verliert, wenn wir feststellen: »In der Situation und unter den Umständen habe ich getan, was ich konnte.« Denn fast immer gab es einen Grund: die kleinen Kinder, Probleme des Partners, tatsächliche Schwierigkeiten, das Haus oder die Stadt zu verlassen, den Druck der Gesellschaft oder der Familie … Aber nicht immer war es etwas Negatives. Es waren nur die Umstände, denen entsprechend man handelte, wie man es eben zu dem Zeitpunkt konnte.

Nach und nach wird uns bewußt: In der Situation damals habe ich getan, was ich konnte, heute allerdings, im reiferen Alter, erkenne ich, daß ich auch anders hätte handeln können. Zum damaligen Zeitpunkt und unreif, wie ich war, da konnte ich nicht anders, meine Eltern hätten es nicht verstanden, und mein Mann wußte es nicht besser.

Dies hat das reifere Alter eben für sich: einen neuen Blick, einen Überblick aus einer gewissen Distanz, der uns erlaubt, an uns und anderen zu verstehen, was uns früher unverständlich war. Mitunter stellt sich dabei eine Art von *Amnestie* ein. Und auf ihrer Grundlage kann man neue Verhaltensmuster entwickeln.

Ich mag das Wort Amnestie – es gefällt mir besser als Vergebung, weil es keine religiöse Konnotation hat und auch nicht die Idee vermittelt, wir wären so großmütig, daß wir jemandem vergäben.

Auch nicht uns selbst.

*

Eines Tages schlug ich vor, offen darüber zu sprechen, was uns wütend macht.

Anfangs wollte niemand so richtig – alle hatten sie großartige Ehemänner, wunderbare Kinder, und als Eltern die reinsten Heiligen. Wut war verboten.

Plötzlich fing eine, die sonst selten sprach, leise an: »Ich bin wütend. Sehr wütend.«

Ihre Wut galt der behinderten Mutter, die sie mit der Tyrannei der Schwachen, mancher Kranker und sehr verwöhnter Kinder quälte. Dann sagte eine andere, sie sei wütend über die vielen Opfer, die sie den beiden erwachsenen Söhnen bringe, die noch bei ihr wohnten, aber ständig unzufrieden seien und sich wie die Flegel benähmen. Eine Frau machte sich Vorwürfe, daß sie wütend auf ihren Mann war, weil der sie nicht beachtete und sich nicht um sie kümmerte. (»Man könnte meinen, ich existiere für ihn überhaupt nicht, ich bin für ihn kein Mensch.«) Andere waren sehr wütend über Entscheidungen, die sie in der Jugend getroffen hatten, wie ich es oben bereits beschrieben habe.

Es kam eine lange Liste zusammen, und es wurde lebhaft diskutiert.

Allmählich fanden wir so heraus, daß wütend sein (nicht nachtragend) gesund und notwendig sein kann. Wer niemals Wut empfindet – wohlgemerkt nicht Haß oder Groll –, der belügt sich selbst.

Viele der Ursachen für diese Wut konnte man auch aus einer anderen Perspektive betrachten: Daß eine Frau flegelhafte Söhne gewähren läßt, ist das Resultat einer langen Entwicklung, die mit der Geburt oder schon vorher ihren Anfang genommen hat, damit, daß die Mutter es brauchte, sich als die Herzensgute zu sehen, als Opfer – eben als die Leidende. Aus der Haut platzen, den Fuß von der Bremse nehmen kann eine erstaunliche Veränderung in einer Beziehung bewirken. Denn Ehemann und Söhne empfanden garantiert auch eine Mischung aus Wut und Schuldgefühlen dieser Märtyrer-Ehefrau-Mutter gegenüber.

Mir hat eine Freundin einmal beigebracht, daß wir uns,

wenn es einmal richtig schlimm kommt, fragen können: »Ist es eine Tragödie oder schlicht ärgerlich?«

In den allermeisten Fällen ist es nur ärgerlich. Das Konto überzogen, der Chef blöd, der Kollege neidisch, das Kind ungezogen, der Mann stumm, die alte Mutter unzufrieden, fünf Kilo zuviel auf den Rippen, die eigenen Enttäuschungen. Zuviel Regen, zuviel Sonne. Zu kalt, zu warm – auf einmal haben wir bei jedem Atemzug das Gefühl, die Welt ginge unter.

Gründliches Aufräumen in den Schränken unseres Herzens verschafft uns große Erleichterung. Wir werfen die Ärgernisse raus oder legen sie für eine Weile beiseite und kümmern uns um die wirklich ernsten Dinge.

Nach einiger Zeit stellen wir fest, daß wir wieder freier atmen können. Und sogar träumen.

*

Mangelndes Selbstwertgefühl, gepaart mit Unsicherheit und Angst, hatte uns in unserer Jugend zu vielen falschen Entscheidungen verleitet. Viele von uns waren auch jetzt noch gefangen in einem Verhaltensmuster, das im familiären Umfeld zwangsläufig Unbehagen und dazu ständiges persönliches Leid auslösen mußte.

Wenn wir unseren eigenen Wert zu gering schätzen, neigen wir nicht nur dazu, die Dinge so zu belassen, wie sie sind (*schlecht ist, was ich kenne, noch schlechter, was ich nicht kenne*), sondern auch dazu, aus Angst Entscheidungen zu treffen – oder eben nicht zu treffen. Aus Angst vor Einsamkeit oder davor, gar nicht allein entscheiden zu können, aus Angst davor, was die anderen denken, Angst, Angst, Angst.

Wer sich selbst zu gering schätzt, braucht jemanden an seiner Seite, der ihn in seinem persönlichen Wert bestärkt. Dann aber gibt es keinen Dialog, denn die Waage ist allzu einseitig belastet. Es ist erstaunlich, wie selten sogar kompetente Frauen sich gerecht behandelt und um ihrer selbst willen geschätzt fühlen.

»Ohne Lebensgefährten, ohne zumindest denken oder sagen zu können, ›ich habe jemanden‹, fühle ich mich nicht vollwertig«, hat mir einmal eine Anwältin gesagt.

Auch in den persönlich oder beruflich erfolgreichen Frauen steckt jene, die Angst hat, allein zu bleiben, die eher im Schatten eines anderen aufblüht und ihre wahre Bestimmung darin sieht zu dienen, zu gefallen, zu umsorgen: *die Geisha*.

Die resistent ist gegenüber allen Neuerungen und Errungenschaften unserer Zeit.

»Männer mögen Frauen, die nicht in der Lage sind, sich auf einer Speisekarte etwas auszusuchen, oder die so tun, als ob sie es nicht könnten, und ihm die Wahl überlassen«, hat eine junge Frau in einer (vorübergehenden) Phase der Ernüchterung zu mir gesagt. Aber könnte es nicht sein, daß wir womöglich keine glückliche Hand in der Wahl unserer Begleiter haben, auch nicht für ein Abendessen? Und wer sagt, daß ein Mann, der eigentlich solche Frauen mag, uns zu schätzen weiß, also der Mann ist, der für uns in Frage käme?

Und Vorsicht: Ein Mann, der gern eine Geisha hätte, die wie ein kleines Kind plappert und stets sein Lieblingsgericht auftischt, mag zwar männlich und präpotent erscheinen, läuft aber Gefahr, zum Eunuchen zu werden – emotional, denn seine Gefühle werden sich stark reduzieren.

*

Zwar macht unsere Ambivalenz alles interessanter, weil sich damit so viele mögliche Entscheidungen und Auslegungen anbieten, andererseits fesselt sie uns an die Wippe der Unschlüssigkeit. Wir leiden unter der Einteilung in das, was wir tun »wollen«, und das, was wir glauben, tun zu »müssen«. Wir verinnerlichen gleichsam die Worte aus der

Kindheit, die ich wieder und wieder gehört habe: »Kinder haben nichts zu wollen.«

In manchen Dingen bleiben wir Kinder – und genießen die Vorteile, die dies mit sich bringt –, leiden aber auch unter den entsprechenden Einschränkungen. Die Menschen, die mit uns zusammenleben, also Mann und Kinder, tragen eine zusätzliche Last – was ihnen entweder schmeichelt oder sie einsam macht –, weil sie an ihrer Seite das ewige kleine Mädchen haben, das ihnen keine Stütze sein kann, mit dem sie das Leben nicht wirklich teilen können.

Geld und Bildung befreien uns nicht ohne weiteres von der jahrhundertealten Gehirnwäsche unserer Kultur. Mit Passivität reißt niemand beengende Mauern ein. Und unser Vorurteil (die »Kultur«) sagt uns, aktiv sein ist eine Sache des Mannes. Wir müssen freundlich, versöhnlich, angenehm, verführerisch sein, im Mann Besitzer- und Beschützergefühle wecken, die Kinder ständig kontrollieren, um zu zeigen, was für engagierte Mütter wir sind.

Kurzum, wir müssen beweisen, daß wir Zuneigung *verdient haben*.

Wir werden im Hinblick auf einen uns vielleicht erlösenden Prinzen erzogen, der über unsere Zukunft entscheiden wird und der sie – auch wenn es ihm schwerfällt – wird steuern müssen. Und natürlich wird er uns wie ein Kind behandeln. Wir werden immer rechtlos sein, ohne Entscheidungsspielraum und -macht. Wir gehören erst den Eltern, anschließend dem Ehemann, dann den Kindern und den Enkeln.

Für uns bleibt die Tischecke im Eßzimmer, wenn wir schreiben wollen, der Computer des Sohnes, falls wir uns ins Internet wagen wollen, der Platz auf dem Sofa, neben den anderen Frauen, bei Abendessen, zu denen Paare eingeladen wurden.

Darüber hinaus terrorisiert uns die Zeit, denn während sie vergeht, verschlingt sie eine Existenz, die zu verwalten wir nie gelernt haben – weil sie uns nie gehört hat. Schlimmer noch: Vermutlich wollten wir sie auch gar nicht verwalten, denn das hätte bedeutet, die schützende Resignation aufzugeben und den beängstigenden Bereich der Entscheidungen zu betreten. Uns mit Hindernissen auseinanderzusetzen und endlich die so lange ersehnte – und gefürchtete – Macht über uns selbst auszuüben.

Wenn besagter Engel an unsere Tür klopfte und uns die Möglichkeit anböte, uns noch nicht mitzunehmen, falls wir ihm dafür drei gute Gründe nennen könnten ... was hätten wir ihm zu sagen, außer den üblichen Ausreden: »Mann und Kinder brauchen mich, und außerdem habe ich die Wohnung noch nicht aufgeräumt«, oder »Ich muß einkaufen gehen und das Abendessen machen«?

Und daß sich niemand täusche: Alles, wovon ich hier spreche, gab es nicht nur zu Beginn des letzten Jahrhunderts und betrifft heutzutage nicht nur einfache oder weniger gebildete Frauen. Zwar hat die Situation von Männern und Frauen – wenn ich von den einen spreche, beziehe ich zwangsläufig auch die anderen mit ein – schon große Fortschritte gemacht, doch befindet sie sich zur Zeit vollkommen im Umbruch.

Noch viele Voraussetzungen müssen erfüllt sein, damit wir von echter Partnerschaft sprechen können. Die wichtigste Voraussetzung ist Gleichwertigkeit – zwischen Herr und Knecht gibt es keinen Dialog.

*

Worüber sich die Frauen bei unseren Treffen immer wieder beklagten, war das keineswegs originelle Problem, daß mit ihren Männern oder Freunden kein Gespräch möglich sei.

»Aber hast du es denn wirklich versucht, hast du dich jemals bemüht, mit deinem Mann, deinem Freund oder auch deinem Sohn zu sprechen?«

»Ach, es hat doch keinen Sinn … Männer reden nicht gern … Die können mit Worten nicht umgehen, dafür haben sie kein Talent … Sie meiden Gefühle … Sie sind feige. Das liegt in ihrer Natur.«

Ist es wirklich so?

Oder hindern wir unsere Männer am Sprechen, weil wir zuviel verlangen, weil wir erwarten, daß sie wie wir sind, daß sie unsere Sprache sprechen – obwohl sie doch immer die Sprache der Männer sprechen werden?

Räumen wir ihnen wirklich genug Platz neben uns ein, ermutigen wir sie tatsächlich und hören ihnen zu, sind wir ihnen echte Partnerinnen – oder überhäufen wir sie, wenn sie von der Arbeit kommen, mit Klagen über die Wohnung, die Putzfrau, die Kinder, den Verkehr, die Preise im Supermarkt … so als wäre diese, unsere unmittelbare, die einzige Realität?

Auch Menschen, die verschiedene Sprachen sprechen, können einander durchaus verstehen: mit Hilfe von Mimik, Gestik, Blicken, Intonation, Seele und Körper und einem *Sich-mögen,* das all das nicht braucht.

Doch es gab in der Gruppe nicht nur endlose Klagen und Beschwerden, wir konnten auch lachen und hatten gute Laune. Es wurde darüber gesprochen, wie wichtig Humor für das Zusammenleben ist, für das Leben überhaupt, um eben Veränderungen als positiv erleben zu können. »In manchen Situationen ist nicht die Liebe unsere Rettung, sondern der Humor«, hat einmal ein Freund gesagt.

Humor ist eine einnehmende Eigenschaft und eine weise Haltung.

Es geht nicht um Sarkasmus oder darum, sich auf Kosten anderer zu amüsieren, sondern darum, im richtigen Augenblick über sich selbst zu lachen, sich zu achten und zu lieben und sich nicht immer ungerecht behandelt und angegriffen zu fühlen.

Humor kann der letzte Strohhalm sein. »Entweder versuche ich zu lachen, auch über mich selbst, oder ich nehme mir einen Strick«, hat jemand zu mir gesagt, der wahrhaftig allen Grund hatte zu verzweifeln. Und er lächelte mich an, als wollte er sagen: Ich schaffe es, irgendwie schafft man es, denn schließlich lohnt es sich.

Wenn ich einen Geliebten oder Freund verliere, wenn ich feststelle, daß ich krank bin, oder arbeitslos werde, kann ich keine Witze machen. Doch Humor beweisen bedeutet nicht Witze machen – Humor zeigen heißt, liebevoll lächeln, in Zuneigung schweigen, immer bereit sein, den anderen in den Arm zu nehmen oder auch sich selbst.

Der Fortschritt, unsere Wahnvorstellungen, die Zwänge unserer Gruppe und Kultur erfordern viel Energie, Willensstärke und eine Prise Humor, wenn wir sie bändigen wollen – und damit verhindern, daß sie uns ungeniert und erbarmungslos verschlingen.

*

Ursprünglich hatten wir nur kurze Zeit und nur mit Frauen arbeiten wollen.

Doch als wir nach einem Jahr und mehreren Gruppen schon daran dachten, wegen zu vieler anderer Verpflichtungen die Arbeit einzustellen, gab es eine Liste von zehn Männern, die auch teilnehmen wollten. Also bildeten wir eine letzte Gruppe, dieses Mal eine für Männer.

»Warum habt ihr die Gruppen nicht gemischt?« hat man uns wiederholt gefragt.

Weil wir uns keine Vorstellung davon gemacht hatten, welches Ausmaß das Ganze annehmen würde. Aus unserem Vorhaben, eine oder zwei Gruppen zusammenzustellen, weil ich den Frauen auf den Zahn fühlen wollte, waren mehr als zehn geworden. Dazu hatte ich nie die Absicht gehabt, Männer und Frauen zusammenzubringen, denn jede Gruppe traf sich nur viermal, und das hätte zeitlich nicht ausgereicht, um die erwünschte Zwanglosigkeit herzustellen.

Ich war sehr gespannt zu hören, was die Männer über die Vor- und Nachteile des reiferen Alters zu sagen hatten.

Tatsächlich ähnelten die Ergebnisse der Männergruppe auf bewegende Weise denen der Frauengruppen: Sie stellten ihre Entscheidungen in Frage, haderten mit dem Älterwerden, hatten Angst, ihre Potenz (auch ihre ökonomische und ihre Autorität) zu verlieren, bangten um ihre Gesundheit und Kondition. Als problematisch empfanden sie, daß es ihnen, obwohl sie sich ausgelaugt fühlten, unmöglich schien, die Arbeit aufzugeben oder das Tempo zu reduzieren, weil ihre Frauen und Kinder zu sehr auf sie angewiesen waren.

Die Sorge um die Kinder belastete sie, dazu Schuldgefühle, weil sie meinten, in der Familie versagt zu haben – es hätte mehr Gespräche, Zuwendung und Toleranz geben können. Viele fühlten sich in ihrem eigenen Haus isoliert. Ausgeschlossen durch die spezielle Beziehung zwischen Mutter und Kindern.

»Zu mir kommen die Kinder nur, wenn sie Geld haben wollen«, klagte einer. »Wenn sie Freundschaft suchen, Persönliches erzählen wollen, gehen sie zur Mutter.«

Das Herz der Kinder, selbst der Söhne, war ein Terrain, auf dem sie sich nicht zu bewegen wußten. Man hatte ihnen – übrigens schon von klein auf – beigebracht, daß ein Mann auf dem Gebiet »Mutter und Kind« nichts zu suchen habe.

»Vorsicht, du läßt das Baby noch fallen! Männer können wirklich nicht mit Kindern umgehen. Laß nur, ich mach das selbst, du kannst deine Zeitung lesen, deinen Fußball gucken.«

Diese Worte habe ich mir nicht ausgedacht, vielmehr haben viele von uns sie selbst zu jenen gesagt, denen wir später »mangelnde Nähe« zu den Kindern vorwerfen sollten.

Könnte es sein, daß wir uns so verhalten, weil wir die alleinige Besitzerin dessen sein wollen, in dem wir unser einziges wirkliches Gut sehen, unseren persönlichsten »Gegenstand«, von uns hervorgebracht, aus uns hervorgegangen – »unser« Kind?

Frauen errichten Mauern um ihre Beziehung zum Kind und schließen den Mann aus. Natürlich werden sie sich ihr Leben lang beklagen, daß er sich nicht für das Baby interessiert hat, daß er mit den Kindern nichts anzufangen wußte.

*

Die Einsamkeit der Männer schien mir schwerwiegender als die der Frauen, denn diese verfügten über andere emotionale Bindungen: Familie, Freunde, ja selbst ihr Elternhaus.

»Wenn meine männlichen Kommilitonen sich unterhalten«, sagte eine Studentin, »dann erzählen sie Abenteuergeschichten, reden über Geld, Fußball, Politik und Frauen. Wenn dagegen wir Frauen (einige waren schon verheiratet) uns treffen, tauschen wir Privates aus oder beklagen uns (über die Mütter, die Haushilfen, die Kinder, die Pflichten als Hausfrauen oder … die Männer).«

Vor die Wahl gestellt, mit ihren Frauen wie mit Freunden oberflächlich zu plaudern oder befürchten zu müssen, sie mit der eigenen Schwäche, den innersten Sorgen oder Dramen zu enttäuschen, *entscheiden sich die Männer fürs Schweigen*.

Ihren Frauen gegenüber – die sich häufig beklagen, ganz und gar in ihrer Mutterrolle aufgehen, sich im Haushalt oder mit allzu unwichtigem Zeug aufreiben – bleibt ihnen nur die Rolle des Ernährers. Das Bedürfnis, jemanden zu haben, mit dem sie Gespräche führen, dem gegenüber sie sich wirklich öffnen könnten, tauchte fast konstant in ihren Aussagen auf: »Mit meinen Freunden rede ich über Themen, über die Männer so reden: Politik, Fußball …

Meiner Frau gegenüber will ich mich nicht öffnen, weil sie dann gleich nervös wird und tausend Sachen von mir verlangt … Und die Kinder, tja, die muß ich doch beschützen, oder?«

Fast immer gibt es etwas zu verbessern, und fast immer ist das auch möglich. Hinterfragen, klarstellen, erklären ist ja nicht verboten. Es ist keine Schande, den Traum vom Studium, von einem eigenen Geschäft, von einer Reise, von einem Berufswechsel zu verwirklichen. Eine Beziehung zu verändern.

Einfacher ist es zu resignieren – den Tod vorwegzunehmen. Miteinander grollende alte Ehepaare oder zu Hause einsame junge Paare sind etwas entsetzlich Trauriges und entsetzlich oft zu finden.

»Wenn ich deprimiert bin, ist es schon eine Heldentat, aus dem Bett zu kommen (und mich nicht nur in der Wohnung herumzuschleppen)«, hat jemand gesagt. Das Leben an sich ist schon eine heroische Angelegenheit, eine lange Liebe gut leben noch viel mehr. Allein zu leben, falls die Liebe gescheitert ist, das ist ein ewiger Kampf ums bloße Überleben.

Doch nur den Kopf über Wasser halten, genügt das für eine Ehe?

Ein Freund sagte am Geburtstag seiner Frau einen der schönsten Sätze, die ich je gehört habe: »Im Laufe unserer (ungefähr vierzigjährigen) Ehe habe ich mich Tag für Tag neu für dich entschieden.«

Am allerglücklichsten dürfte das Paar sein, das es nicht aufgibt, den Traum zu verwirklichen, einander trotz aller Wenn und Aber jeden Tag wie beim ersten Mal anzusehen, sich zu *erkennen* – und sich erneut füreinander zu entscheiden.

*

Eines Tages wurde ich gebeten, etwas über das »perfekte Paar« zu schreiben – eine schöne Aufgabe, wenn man Herausforderungen liebt. Mein erster Schritt bestand darin, das Wort »perfekt« in Anführungszeichen zu setzen.

Was rechtfertigte das Etikett, über das ich schreiben sollte?

Sofort kam mir in den Sinn, daß die Partner eines »perfekten« Paares *sich so gern haben müssen, wie man gute Freunde gern hat, und sie diese Zuneigung mit der Sinnlichkeit würzen müssen, die Liebe von Freundschaft unterscheidet.* Zwei Menschen, die ohne Groll und weitere Ansprüche einfach Verständnis dafür haben, daß jeder eine unvermeidliche Dosis Eigenart besitzt und Schwierigkeiten hat, sich mitzuteilen. Also letztlich Verständnis für das ganze komplizierte Wesen eines Menschen.

Die beste Partnerschaft ist wohl die, in der beide sich gegenseitig akzeptieren, ohne daß sich der eine dem anderen in *irgendeiner Weise* unterordnen muß; in der jeder den anderen schätzt und bewundert, aber auch Zärtlichkeit und fürsorgliche Gefühle für ihn empfindet. Vor allem die Partnerschaft, in der keiner der beiden *alle* seine Pläne auf den anderen projiziert, weil bei der ersten Enttäuschung aus Liebe Unmut wird.

Wenn der andere uns als Aufhänger für unsere ausgefallensten Träume von Perfektion dient, bläst der erste Gegenwind das arme Idol, das gar nichts dafür kann, vom Sockel.

In einer gesunden Ehe gilt die grundsätzliche Absicht: Ich will mit dir den besten Teil meines Lebens verbringen, mit dir eine schöne, starke und endgültige Beziehung aufbauen.

Wichtig ist, daß man dem anderen nicht auf der Flucht vor der nervenden Familie, der eintönigen Einsamkeit, der Langeweile in die Arme läuft. Wesentlich ist, daß man sich dem anderen nicht an den Hals wirft und damit dem »Endlich nie mehr allein!« in die Falle geht, denn wer an eine

Verbindung übertriebene Erwartungen stellt, hat den ersten Schritt Richtung Trennung bereits getan.

Eine gute Liebe muß außerdem das Miteinander des Alltags aushalten und überdauern.

Eine Rechnung ist nicht bezahlt, die Haushilfe nicht gekommen, der Sohn ist krank, die Tochter zickt, die Mutter hat Alzheimer, der Vater ist deprimiert, oder die Arbeit macht keinen Spaß, der Chef benimmt sich daneben. Wenn dann der letzte Tropfen dazukommt – und das kann eine völlig belanglose Kleinigkeit sein –, dann explodieren wir. Wollen morden oder selbst sterben und stellen fest: Nichts in unserer Beziehung ist mehr so, wie es zu Beginn war. Nicht im entferntesten ist es so, wie wir es uns gedacht hatten.

So wollen wir nicht weitermachen, aber wir wissen auch nicht, was wir tun sollen. Oder aber wir wissen es zwar, halten es jedoch nicht für machbar.

Im Grunde ist es so, daß wir in einer Liebesbeziehung wie in allem anderen auch jeden Tag ganz von neuem beginnen. Folglich können wir auch versuchen, hier und jetzt anders anzusetzen. Der Alltag gibt Geborgenheit, seine kleinen Rituale sind die Marksteine einer gewissen Sicherheit, doch er bringt auch Ernüchterung und Monotonie mit sich.

In einer Liebesbeziehung braucht man Kreativität, heißt es. Das Problem ist, *wenn von »Kreativität« in einer Beziehung die Rede ist, denken die meisten gleich an Neuerungen beim Sex,* als läge die Lösung in neuen Stellungen, anderem Parfum, exotischen Kunstgriffen.

Guter Sex ist ein Ergebnis, kein Mittel. Was genauso für Kinder gilt: Sie sollten die Frucht einer lebendigen Zuneigung sein, nicht das Werkzeug, mit dem repariert werden soll, was mißglückt ist.

Wenn die erste Phase leidenschaftlicher Verliebtheit vorüber ist (es tut mir leid, aber sie geht nun einmal vorüber, was jedoch nicht bedeutet, daß dann Langeweile eintritt oder das Verlangen aufhört), beginnt man, auf andere Art zu lieben. Oder besser zu lieben; oder: *Dann beginnt man erst richtig zu lieben,* gern zu haben, wertzuschätzen, zu respektieren, zu würdigen, zu verwöhnen, zu vermissen, Freiraum zu gewähren, zu wollen, daß der andere sich weiterentwickelt und nicht an uns klebt.

»Wenn du jemanden liebst, laß ihm seine Freiheit«, stand auf dem Kärtchen, das ich einmal bekam, neben so vielen anderen schönen Dingen eines der größten Geschenke, die ich jemals erhalten habe.

Mit einer gewissen Klarsicht und ein wenig Reife (oh, die segensreiche Zeit) wird sich erweisen, ob etwas – und was – noch zu zweit erobert werden kann.

Wenn das geklärt ist, kommt die Stunde der Entscheidung: Und was sollen wir jetzt tun? Die Sache angehen, sofern noch etwas zu machen ist und nicht nur Leere herrscht.

Da die Menschen nicht so leicht aufgeben – schließlich sind wir Kämpfernaturen, sonst gäbe es uns nicht mehr – und weil da die Kinder sind, die Verpflichtungen, das Haus, das Geld und ja auch noch die Zuneigung, ersinnen wir einen Weg, das wiederaufzubauen, was schon kaputt zu sein schien. Das heißt: wenn der Wille, wenn noch Gefühle, noch ein Interesse vorhanden sind. Allerdings muß es ein Neuanfang zu zweit sein, nicht die Unterwerfung des einen und das Exil des anderen. Denn zwischen Unterdrücker und Unterdrücktem gibt es nur Leere.

Was aber, wenn wirklich nichts Positives mehr da ist?

Bande können repariert, neu geknüpft oder durchtrennt werden. Eine Trennung wird mehr oder weniger großzügig, in freundschaftlicher, feindseliger oder wuterfüllter Atmosphäre vollzogen – schmerzhaft ist sie immer. Doch eine Verbindung sollte nie die endgültige Verurteilung zu einem Leben in einem Käfig bedeuten.

*

Da ich mir Geschichten ausdenke, habe ich eine Schwäche für Fabeln.

Ich arbeite gern mit ihnen, denn sie sind ein Spiegel der Wirklichkeit. Und weil ich Geschichten mit Engeln mag, kommt jetzt wieder eine. In dieser geht es um Liebe, um Partnerschaft in der Liebe, darum, den Menschen zu finden, der unser Gefährte sein könnte, jenseits aller Konventionen, Rezepte und »Moden«.

Es war einmal ein Mann, ein gewöhnlicher Mann, den ein gewöhnliches Schicksal offenbar fest im Griff hatte. Wie ein gut abgerichtetes Haustier.

Eines Tages zwickte es ihn in beiden Schultern, eine Muskelzerrung, die falsche Haltung bei der Arbeit …

Es wurde immer schlimmer, weshalb er sich nach dem Duschen nackt vor den Spiegel stellte und sich im Profil von oben bis unten betrachtete. Da war kein Zweifel möglich: Unterhalb der Schulterblätter bildeten sich zwei schräge Höcker. Er bekam Angst, beschloß jedoch, niemandem davon zu erzählen, und da er nicht oft mit seiner Frau schlief, gelang es ihm, die Sache fast einen Monat lang zu verheimlichen.

Er tat das, was er bei seiner Frau beobachtet hatte: Mit Hilfe eines runden Spiegels über dem Waschbecken, den seine Frau immer zum Richten ihrer Frisur benutzte, sah er sich fortan jeden Tag seinen Rücken an, doch nun machten die Höcker ihm keine Angst mehr. Neugierig, doch ohne zu leiden, denn es tat nicht weh, beobachtete er, wie sie größer wurden.

Und er dachte: »Zum Arzt zu gehen hat keinen Sinn, denn wenn es ein Tumor ist (oder zwei), dann ist bei dieser Größe nichts mehr zu machen, dann will ich lieber unversehrt als verstümmelt sterben.«

Eines Tages, als er im Badezimmer masturbierte, spürte er im Augenblick der größten Lust, daß sich die Höcker auf seinem Rücken endlich aufrichteten, und er sah sich mit Flügeln geschmückt, entfaltet wie bei einem Schwan, der lediglich geschlafen hatte und nun über das Wasser glitt.

Starr vor Schreck stand er nackt vor dem Spiegel.

Nun war er nicht mehr nur ein gewöhnlicher Mann, der Rechnungen bezahlen, seiner Arbeit nachkommen, seine Familie ernähren, seine Kinder in den Park bringen, bestimmte Termine einhalten mußte – er war auch ein verzauberter Mann.

Sie waren ausgesprochen praktisch, die Flügel, denn wenn er etwas weitere Hemden trug, ließen sie sich wunderbar darunter verbergen. In manchen Nächten ging er, wenn alle schliefen, auf den Balkon, legte die Kleider ab und strich durch die Lüfte.

Seine Frau merkte, daß sich der Körper ihres Mannes veränderte. Er wurde allmählich krumm, er saß zu lange über die Arbeit gebeugt. Das war es, sonst nichts. Zwar hatte die Mutter ihr gesagt, »einem Mann sollte man immer etwas mißtrauen«, doch ihrem braven Ehemann hätte sie niemals irgendwelche Eskapaden zugetraut.

»Halt dich gerade, sonst bekommst du noch einen Buckel«, sagte sie in ihrem tadelndem Ehefrauenton.

Komplizierter wurde die Sache, als der Engel-Mann, inzwischen an seine neue Gestalt gewöhnt, in sich ging und sich, da er noch immer nur ein Mann mit Flügeln war, sehr einsam fühlte. Also dachte er darüber nach. Und er sah sich um und verliebte sich.

In der ersten Nacht mit seiner Geliebten dachte er nicht an das Problem, legte sämtliche Kleider ab, und als sie begann, ihm über den Rücken zu streicheln, breiteten sich die Flügel aus und wölbten sich im Moment der höchsten Lust zu einem Bogen über ihm, so daß die Spitzen aneinander stießen.

Doch die Frau/Geliebte erschrak nicht, rückte nicht von ihm ab. Sie preßte sich nur noch enger an ihn und sagte: Komm mit mir, komm mit mir …

Und auch sie breitete ihre Flügel aus.

(*Histórias do tempo*, 2000)

*

Die Liebe ist eine komplizierte Angelegenheit, und zwar – abgesehen von allem anderen – deshalb, weil man, *um lieben zu können, zuerst sich selbst lieben muß*. Innen und außen bilden sich gegenseitig ab, wie zwei einander gegenüber aufgestellte Spiegel. Eine Liebe, die mir gut tut – in der ich mich wiedererkenne und wiederfinde, mich neu gestalte und entfalte, mich erkunde und entdecke –, finde ich dann, wenn mein inneres Bild mich dahin führt.

Die Liebe offenbart in erster Linie etwas über uns selbst: Sie läßt unsere Vorlieben zutage treten, zeigt, wozu wir neigen und wofür wir uns entscheiden. Will ich glücklich sein, habe ich es verdient, will ich den anderen glücklich machen oder habe ich das Bedürfnis, mich und den anderen zu strafen; bin ich es wert, an Größe zu gewinnen, und kann ich es, oder will ich mich zugrunde richten … und den anderen mit mir?

Eine »Wahl« aus Liebe, das mag widersprüchlich klingen. Doch früher sagte man: »zum Mann, zur Frau wählen«. Ich hatte in dieser Hinsicht immer große Vorbehalte. Heute denke ich, ja, es ist zwar eine Wahl, doch nicht eine, auf die sich gut gemeinte Ratschläge wie der folgende beziehen: Sieh zu, daß du dir deinen Mann, deine Frau sorgfältig auswählst. Der Gedanke dahinter, ob ausgesprochen oder nicht: Der Mann soll dir finanzielle Sicherheit bieten, die Frau soll tugendhaft sein und sich gut um Haus und Kinder kümmern.

Dabei geht es um arrangierte oder Vernunftehen, um starre, von außen aufgezwungene Muster. Lieben, das heißt auf eine andere Art wählen. Der Mann mit den Flügeln ist seiner geflügelten Geliebten scheinbar nur dank einem Zufall begegnet – in Wirklichkeit war es eine für ihn lebenswichtige Entscheidung, die Wahl seiner Partnerin.

So eine Begegnung findet im verborgenen statt, in beiderseitiger Unkenntnis und nur zum Teil bewußt, je nachdem, ob das Gegenüber unseren Bedürfnissen und Wünschen entspricht, dem Plan, den wir hatten, dem Modell, das wir gesucht haben. Aber auch weitgehend unbewußt, aus den ureigensten Trieben unseres *Ich* heraus, das sich unter so vielen Masken verbirgt.

Die Entscheidung wiegt schwer – sie basiert auf der gesamten inneren Grundlage. *Bei der Wahl meines Partners entscheide ich mich für denjenigen, den ich meiner Meinung nach verdient habe.* Und damit können wir uns den Dolch in die eigene Brust stoßen.

Denn ich wähle entsprechend meiner emotionalen Gesundheit oder Krankheit, meinen geheimsten Wünschen, meinem unbewußten Streben nach Selbstbehauptung oder Selbstzerstörung.

Unsere tief verborgene Seite spürt und wittert es: Hier sollte ich meine Gefühle investieren, hier kann ich mich einsetzen, hier ist jemand, mit dem ich mir vorstellen kann, eine Beziehung aufzubauen.

*

In der Liebe glauben wir, endlich den Mythos von der Verschmelzung mit dem anderen leben zu können. Wir wollen unsere Identität in den Händen dessen aufgeben, der zur Zeit »alles« für uns ist.

Die anfängliche Leidenschaft will sehen und zeigen. Wir verspüren den Zwang, uns dem anderen zu öffnen, in ihn einzutauchen, ihm die kleinsten Einzelheiten unserer Seele, unseres Körpers zu offenbaren und unermüdlich aus unserer Vergangenheit zu erzählen – als könnten wir durch diesen Austausch die ersehnte vollkommene Vereinigung erreichen.

Wir kennen jede Sekunde seines Tagesablaufs, wissen, mit wem er spricht, wo er um die und die Zeit war und zu sein gedenkt oder gern wäre – auf diese Weise sind wir stets bei ihm, beweisen ihm unsere Zuneigung und unser Interesse.

An einer Liebesbeziehung muß man allerdings lange arbeiten – sie ist einer ganzen Reihe von Veränderungen auf beiden Seiten ausgesetzt. Wir verändern uns, aber unser Partner verändert sich nicht zwangsläufig im selben Rhythmus, genauso merklich oder in derselben Richtung wie wir.

Instinkt und Gefühle sorgen dafür, daß die guten, die sich liebenden Paare solche Krisen dazu nutzen, sich neu zu orientieren und daran zu wachsen, und zwar möglichst gemeinsam. Vorausgesetzt, sie haben einen gesunden Instinkt, sind einander zugetan und offen in ihrer Persönlichkeit.

Dafür gibt es kein Rezept. Keine Schule. Kein Handbuch.

Der eine Partner altert früher, wird häufiger krank. Er kann finanzielle Rückschläge erleiden, beruflich scheitern. Er kann sich mit den Jahren und den Umständen weiterentwickeln oder hinter dem anderen zurückbleiben.

Zwischen beiden entwickelt sich ein Machtspiel, bei dem der Schwächere (und das sind keineswegs nur die Frauen) den tyrannisiert, der sich mehr unterordnet, auf mehr Dinge verzichtet.

Da beide verletzlich und im wesentlichen schuldbewußt sind, kann, wer im Vorteil ist (was immer das heißen mag), sich erpressen lassen, seine Flügel stutzen und die eigenen Ziele beschneiden, um den Partner nicht zu »demütigen«.

Ist es die Frau, so ist das Drama komplizierter. Denn unserem traditionellen Verständnis nach (womöglich aus der Zeit, als wir noch in Höhlen lebten) ist der Mann stark und die Frau schwach, der Mann gebietet über das Geld (= Macht), und die Frau lebt von der monatlichen Zuteilung. Ich kenne erfolgreiche Frauen, die an jedem Monatsende ihr Geld dem Mann übergeben, damit er es verwaltet, weil sie sich das nicht zutrauen, oder schlimmer noch, weil sie fürchten, es würde den Mann verunsichern und aggressiv machen, wenn sie es doch täten.

Eine Therapie, die jeder einzeln macht oder beide zusammen, zumindest aber einer von beiden, überhaupt jegliche Art von Beratung kann ausgesprochen hilfreich sein. Urlaub fern der Arbeit und der Kinder kann die Möglichkeit bieten, sich neu zu finden und ehrlich miteinander zu sprechen. Doch häufig ist es so, daß derjenige, der den entscheidenden Schritt tun und sein Leben – auch innerhalb der Beziehung – in Ordnung bringen könnte, sich dies nicht gestattet. Das Schuldgefühl erlaubt es ihm nicht. Die Furcht, den Partner zu verlieren, macht es ihm unmöglich. Die Angst vor der Einsamkeit, was noch schlimmer ist.

Also wird nichts geändert. Während der äußere Schein gewahrt bleibt, bricht sich der Fluß des langsamen, stillschweigenden Selbstmords zu zweit seine Bahn, des physischen oder moralischen Selbstmords. Es ist der Tod der Lebensfreude und der Zärtlichkeit, ein fatales Abkommen, bei dem die Hoffnung außer Kraft gesetzt wird. Schuldgefühle, hat einmal jemand gesagt, sind wie ein Koffer voller Ziegel, eine nutzlose Last, die wir völlig sinnlos mit uns herumschleppen. Und es gibt nur eine Lösung: sie alle auf einmal oder zumindest teilweise abzuwerfen.

Doch selbst auferlegte Regeln, nie ausgesprochene Abkommen, ein scheinbar notwendiges Anpassen, um einen – vielleicht heilsamen – Konflikt zu vermeiden, ganz zu schweigen von dem stummen Krieg, der sich oft zwischen Eheleuten abspielt, oder Bequemlichkeit halten uns davon ab, etwas zu unternehmen. Sie errichten die unüberwindbaren Herkulessäulen, die dann später mit Gewalt und Schmerz umgestürzt oder aber zum Ehrenmal für zwei boykottierte Existenzen werden.

*

Wenn ich über Liebe schreibe, kann ich nicht nur von unterwürfigen Frauen sprechen.

Ich kenne Männer, die von ihrer Frau derart streng kontrolliert werden, daß ihnen kein Raum für neue Freundschaften bleibt, nicht einmal für einen angeregten Gedankenaustausch, erst recht nicht mit einer anderen Frau. In einem Haus, in dem ich als junges Mädchen verkehrte, mußten der Mann und die Söhne, wenn sie das Haus betreten wollten, die Schuhe ausziehen – an der Haustür warteten Pantoffeln auf die Ärmsten. »Kommt mir nicht mit euren schmutzigen Schuhen in mein Haus!« donnerte der General im Rock, der eher einen Käfig denn ein Haus befehligte.

Die unterdrückte Persönlichkeit träumt von einem Ausweg. Bietet sich dieser und ist er verlockend genug, so kommt es gelegentlich zum Bruch und unweigerlich zu dem Kommentar Außenstehender: »Wie bitte? Die beiden kamen doch scheinbar immer gut miteinander aus!«

Hier ist ein Postscriptum angebracht: Was dazu verlockt, eine derart lebensbedrohliche Verbindung zu lösen, muß nicht »jemand anders« sein, sondern kann auch eine Gelegenheit sein, sich weiterzuentwickeln, zu reisen, zu studieren, die Stelle zu wechseln, eine neue Freundschaft einzugehen. *Fröhlich sein zu können, atmen zu können. Vertrauen zu können.* Sich nicht überwacht oder ignoriert zu fühlen. Aber man kann sich auch dafür entscheiden, alles beim alten zu belassen: *So ist es eben.*

Manchmal gibt es wirklich keinen Ausweg.

In dem Fall wüßten wir, wenn besagter Engel des Dunkels und des Lichts an unsere Tür klopfte, nicht einen einzigen uns selbst betreffenden guten Grund zu nennen, damit er uns noch nicht mitnähme und etwas zum Abschluß brächte, das eigentlich längst beendet ist.

Mit der Vogelscheuche tanzen

Ich habe hier gesagt oder angedeutet, daß das reifere Alter als etwas Positives betrachtet werden sollte und daß alt werden nicht bedeutet, seine Individualität aufgeben zu müssen.

Einer der Gründe dafür, warum wir, Männer wie Frauen, so frustriert sind, liegt darin, daß wir in einer Kultur leben, die die Jugend vergöttert und gegen alle Vernunft das körperliche Äußere in den Himmel hebt.

Wenn Reife die Frucht der Jugend ist und Alter das Ergebnis der Reife, dann heißt leben, die Fäden unseres Daseins auf natürliche Art miteinander zu verweben – trügerisch trivial für den, der es selbst lebt, dabei einzigartig für den, der es beobachtet. Und gänzlich unbedeutend im Kontext der Menschheitsgeschichte.

Eingebettet in unsere Lebensumstände, beladen mit dem Gepäck, das uns mitgegeben wurde, und auch mit dem, was wir im Laufe der Zeit erworben haben, bewegen wir uns diesem Fluß folgend voran. Ein Stück des Wegs wählen wir selbst aus, hier und da malen wir ein paar Bilder an die Ufer, begleitet von guten Geistern, aber auch von dem Ungeheuer, das es uns so schwer macht, das Leben gut zu gestalten, und jederzeit bereit ist, uns daran zugrunde gehen zu lassen.

Nicht immer sind wir uns dieser Schwierigkeit bewußt – sie ist Teil unserer Kultur, unserer Erziehung, der Medien, der Persönlichkeit. Sie findet sich in den Zeitschriften, im Kopf all derer, mit denen wir zu tun haben und die wir lieben, sie steckt in uns drin. Sie wächst und wird immer größer, je weniger wir gewohnt sind, damit umzugehen.

Der Feind hat viele Gesichter, viele Köpfe. *Wir sind viele,* sagte in der christlichen Literatur der böse Geist, der in einen Unglücklichen gefahren war. Dies alles beherrscht uns und engt uns ein: unerreichbare Vorbilder, die wir uns aufzwingen lassen und akzeptieren; mangelndes Selbstwertgefühl; Vorurteile, denen wir uns beugen, weil wir keine eigenen Werte haben; die Beliebigkeit in den unterschiedlichsten emotionalen Beziehungen. Die sich daraus entwickelnde Angst vor dem Älterwerden, das sich uns nicht als Weiterentwicklung und Wachstum darstellt, sondern als drohende Vernichtung.

Wir müssen den Gedanken überwinden, daß wir abbauen, immer weiter verfallen und lediglich unserem Ende entgegengehen.

Dieses Gespenst richtet wohl den größten Schaden an, denn es nährt sich von unserer Todesangst und nimmt überdimensionale Ausmaße an, weil *unsere innere Leere ihm allzuviel Platz einräumt*.

Wenn wir nicht nur überleben, sondern als Menschen und denkende Geschöpfe wachsen wollen, sollte die Uhr auf dem Nachttisch oder am Handgelenk – und insbesondere die Uhr in unserem Kopf – nicht mehr sein als das, was sie ist: ein Instrument, um das alltägliche Tun einzuteilen und zu koordinieren. Um die Lebensabschnitte mit ihren Freuden und Nöten, ihren Schätzen und Entbehrungen anzuzeigen, und zwar möglichst im Sinne von *Wachstum und nicht Verstümmelung*.

Bei jedem Übergang von einer Phase in die nächste spielen wir unsere Rituale durch, verlieren einige Güter und bekommen neue – manchmal sind sie hart erkämpft. Ich spreche von den *inneren Gütern,* denen weder der Konkurs einer Bank noch der Bankrott eines Landes etwas anhaben können; die wir auch dann nicht verlieren, wenn der geliebte Mensch stirbt; die uns im Schmerz Licht schenken, freudige Momente noch mehr genießen lassen und im Überdruß – wenn uns alles so sinnlos vorkommt – verborgene Kräfte aktivieren, selbst da, wo die Oberfläche leblos zu sein scheint.

Wenn wir glauben, daß alles zu Ende ist, daß wir uns nie wieder freuen, nie wieder innerlich berührt sein werden, dann tritt das in uns wohnende Gute mit seiner ganzen Kraft und Lebendigkeit zutage.

Dies sind die Schätze, von denen ich spreche: Sie können überwinden, was uns lähmt. Und sie werden siegen über die Kultur des Hier und Jetzt, über das Profitdenken, das Anschaffen, das In-Mode-sein, das Bestens-drauf-sein, das pausenlose In-Aktion-sein und Spaß-haben.

In der Kindheit ist alles immer jetzt.

Wir sind damit beschäftigt zu leben.

Nach und nach unterscheiden wir *vorher* und *nachher*, vielleicht aufgrund der Trennung von einer tröstenden Person, die weggeht und nach einer gewissen Zeit zurückkommt. Ihre Abwesenheit wird erst blitzartig bewußt, wenn sie zurückkehrt. *»Nanu, warst du gar nicht hier?«*

Irgendwann tauchen wir aus den warmen Gewässern auf und stellen fest, daß wir existieren – in der Zeit. Wir befinden uns in einem Prozeß, auf einer Reise, unterwegs.

Die Konturen werden deutlicher, unsere Geschichte beginnt.

Als kleines Mädchen liebte ich es, bei Tagesanbruch aufzustehen und das Verbotene zu genießen, denn Kinder hatten still im Bett zu bleiben, bis die Mutter rief. Ich ging ans Fenster und öffnete es, ganz langsam, damit es keinen Lärm machte. Wie geheimnisvoll der Garten um diese Zeit war. Erfüllt von der zu Ende gehenden Nacht, erfüllt von dem Warten auf den anbrechenden Tag.

Schon damals kam mir der regelmäßige Wechsel der Tage nicht wie etwas Feindseliges vor, sondern wie eine Art

Zauber, der Veränderungen bewirkt – gleich einem Kokon, der schillernde Flügel verheißt.

Warum sollte ich mich jetzt – mit einem in die Breite gegangenen Körper, nicht mehr ganz zarter Haut, mit Falten und Erfahrung – zwangsläufig auf dem absteigenden Ast befinden und nicht in einer Phase natürlicher Veränderung, so wie sich alles andere auch verändert?

Was an einem Baby hübsch ist, mißfällt an einem Teenager; was an einem jungen Menschen entzückt, kann bei einem reifen Menschen unpassend sein; so wie auch im Alter das reizvoll ist, was zum Alter gehört und nicht eine Karikatur der Jugend ist.

*

»Aber was kann denn am Altwerden positiv sein?« wurde ich eines Tages gefragt. »Nennen Sie mir nur einen Aspekt, und ich glaube Ihnen.«

Die inneren Werte treten in den Vordergrund, setzen sich gegen die äußeren durch. Anders als Haut, Haar, Strahlen des Blicks und Straffheit des Körpers vervollkommnen sie sich immer mehr: Intelligenz, Güte, Würde, die Bereitschaft, dem anderen zuzuhören. Verständnis zu haben.

Allerdings muß es auch etwas im Inneren geben, das in den Vordergrund treten kann – dann wird der körperliche Verschleiß durch ein inneres Leuchten wettgemacht. Dann brauchen wir uns weder durch unnötige chirurgische Eingriffe, übertriebenes Make-up oder extravagante Kleidung entstellen zu lassen … noch müssen wir uns verstecken, weil wir das reifere Alter erreicht haben oder schon alt sind.

Zwar ist die Veränderung unseres Körpers unausweichlich, doch wie schnell und auf welche Art sie sich vollzieht, hängt von unseren Genen, unserem Umgang mit dem Körper, unserer Gesundheit und auch unserer inneren Vitalität ab. Angesichts des Unausweichlichen gibt es nur einen Weg, und der heißt nicht davonlaufen, sondern das Leben so gut erleben, wie man nur kann. Es geht nicht darum, das Leben aufzuhalten, sondern darum, *mit dem Leben Schritt zu halten,* statt wie gelähmt zu erstarren und zurückzubleiben.

Wenn wir nicht allzu töricht sind, mögen wir unser Äußeres in jeder Lebensphase. Dann können wir uns im Spiegel betrachten und sagen: »Ja, das da bin ich.« Weder ungewöhnlich gut erhalten noch unmäßig entstellt. Ich sehe so aus, wie man in diesem Alter aussieht. Und wenn ich so bin, dann mag ich mich auch so.

Ich bin meine Geschichte.

Denn wir sind nicht nur unser Äußeres; aber *wir sind auch unser Äußeres.* Unser Äußeres leugnen heißt letztlich das leugnen, wozu wir geworden sind. Wie traurig es ist, wenn wir unser Äußeres vernachlässigen; wie lächerlich es ist, wenn wir mit vierzig wie eine Zwanzigjährige aussehen wollen oder mit siebzig wie eine Vierzigjährige. Wir sollten schön, würdevoll, elegant und vital sein wollen – mit sechzig oder auch mit achtzig.

Und glücklich auch noch mit achtzig.

*

In einem Buch, das mir jemand geliehen hatte, war der folgende Satz unterstrichen: *Das Ziel des Lebens ist der Tod.*

Also, ich glaube, *das Ende des Lebens ist der Tod,* doch *das Ziel des Lebens ist ein glückliches Leben.*

Wörter schleifen sich ab wie Steine im Fluß – sie verändern ihre Form und Bedeutung, ihren Platz, manche verschwinden ganz und werden zu Schlamm im Flußbett. Gelegentlich tauchen sie später erneuert wieder auf.

Glück ist so ein Wort.

Es klingt abgedroschen, weil wir in einer Zeit leben, in der große Gefühle und Wünsche zu Platitüden verkommen sind, alles ist Fast food, Prêt-à-porter, fertig für die Mikrowelle, einfach und schnell … und so blutleer.

Da ich aus Faszination das Reich der Wörter zu meinem Beruf gewählt habe, weiß ich, wie sehr manche durch zu häufigen Gebrauch verderben, aggressiv oder widersprüchlich werden, sich ironisch oder naiv geben. Sie werden unscharf und wirkungslos, bieten sich für Mißverständnisse an oder verwässern in ihrer Bedeutung noch mehr.

Ich kenne mich ein wenig damit aus, wie sie sich unserer Erfahrungen bemächtigen und ihnen ein Gesicht, Gewand, Gebaren verleihen, die wir uns nicht hätten träumen lassen.

Ich mag Dinge, die verwirrend wirken – Menschen wie Wörter. Ihre unscharfen Konturen führen dazu, daß wir über sie nachdenken und von ihnen ausgehend kreativ sind.

Doch manche Wörter und Situationen erschrecken mich, wenn ich einen Blick hinter ihre sieben Schleier werfe. Viele beschreiben die Veränderungen unserer Zeit, den Wandel von Verhaltensmustern, Fortschritt und Verbesserung, aber auch Schattenseiten, fruchtlose Angst und Verschwendung. Manche haben mit Idealen zu tun, die nicht nur selten erreicht werden, sondern nur noch wenig mit Freiheit und Glück zu tun haben, wenn sie denn einmal erreicht sind.

Der Lauf der Zeit müßte mich eigentlich vollkommener machen, wenn ich nicht das grundlegende Vorurteil unserer Epoche mit mir herumschleppte: Nur die Jugend ist schön und hat das Recht, glücklich zu sein, das reifere Alter ist nicht lustig und das hohe Alter ein Fluch.

Das reifere Alter muß nicht der Anfang vom Ende sein, das hohe Alter muß nicht Einsamkeit und Siechtum bedeuten. Liebes-, familiäre oder Freundschaftsbande können verstärkt werden, Interessen neu entdeckt, schöne Dinge intensiver genossen werden.

Existieren heißt, unser Bewußtsein dafür schärfen, daß wir zu kostbar sind, um uns damit zu verzetteln, daß wir jemand sein wollen, der wir nicht sind, nicht sein können und eigentlich auch nicht zu sein wünschen.

*

»Mit der Zeit ist es so: Sie frißt alles vom Rand her an, sie nagt und knabbert, zerfranst und vertilgt. Und nichts und niemand entkommt ihr, es sei denn, er kann sie bändigen.«

(*O ponto cego*, 1999)

Der Leser, der mir bei diesem Buch Gesellschaft leistet, hilft mir, die reflektierte Zeit, die gedachte Zeit, die gehaßte und gefürchtete Zeit, die eroberte Zeit zu entwirren.

Warum fürchten wir sie so sehr?

Warum, zu welchem Zeitpunkt haben wir beschlossen, daß sie eine Bedrohung ist und keine Verheißung? Oder: Wann hat man uns beigebracht, so zu denken ... Und warum haben wir das akzeptiert?

Wir leben in einer Zivilisation, die uns mehr Zeit beschert hat, aber es schrecklich findet, daß die Zeit vergeht.

»Sie sagen, daß die Zeit nicht existiert ... Wieso schreiben Sie dann so viel über sie?« fragt eine Journalistin.

Sie hat recht – und auch wieder nicht. In manchen meiner Werke bildet die Zeit den Hintergrund oder ist sogar eine Figur. Wenn ich sage, daß die Zeit nicht existiert, meine ich damit, daß sie nicht als etwas existiert, das sich entscheidend auf meine Haltung oder meinen Pessimismus auswirkt, *wenn ich es nicht will*. Sie ist keine mächtige Instanz, die mich, wenn ich ein bestimmtes (zufällig oder von den Gesundheitsorganisationen festgelegtes) Alter erreicht habe, den Berg hinunterstößt, ohne daß ich mich wehren könnte.

Wir können uns auf vielerlei positive Arten wehren: jede Altersphase annehmen und sie genießen; uns nicht mit dem Massengeschmack abfinden und nicht resignieren, sobald sich die ersten Falten einstellen; niemals in den Pseudoprotest verfallen, der aus uns eine Karikatur der Jugend macht.

Manche Vorstellungen davon, welche Freuden das reifere Alter bieten kann, sind ziemlich lächerlich. Eine Frau von fünfundsechzig Jahren, ungebunden, kaufte sich eine neue Wohnung. Die Kommentare, die sie daraufhin zu hören bekam, waren ermunternd, doch manchen stand sie fassungslos gegenüber:

»Mit einer so schönen Wohnung hast du jetzt bestimmt jede Menge Männer.«

»In der Nähe deiner neuen Wohnung hat ein modernes Fitneßstudio aufgemacht. Da kannst du garantiert problemlos hübsche junge Kerle kennenlernen.«

Derart lächerliche Ideen spornen nicht gerade dazu an, sich des Lebens zu erfreuen, sondern lassen das Blut in den Adern gefrieren. Mit ihnen wird nicht angeregt, aus einer positiven Grundhaltung heraus etwas aufzubauen, sondern die Saat gestreut für ein niederes, törichtes Verhalten. In solchen Vorstellungen ist die Zeit ein Riese, der kleine Kinder frißt, und wir werden von ihm in der Krise gebeutelt wie ausgestopfte Puppen.

Wenn mein Blick auf die Wirklichkeit und auf das Äußere ein sinnhafter ist, dann hat die Welt für mich Bestand, ganz unabhängig von meiner körperlichen Schönheit, meinem Aussehen und meinem Alter. Doch wenn ich alles durch die Brille der törichten oder zynischen Oberflächlichkeit sehe, kann ich gleich einpacken und lange, lange vor Erreichen des reiferen Alters meinen Hut nehmen.

Wie so viele andere Dinge auch, wird das Leben meinen Körper verändern. Über meine Seele wird es nur so viel Macht ausüben, wie ich ihm zugestehe.

Nur wenn wir es zulassen, wird die Zeit, in der wir uns bewegen – dieser höchst intime Begleiter –, zu unserem Henker. Denn dann lassen wir uns ein Leben lang an eine Vogelscheuche fesseln, die, anstatt gefräßige Vögel zu verscheuchen, uns am Fliegen hindert.

Nur eines hilft: die Sache einfach umzudrehen.

Als natürlich akzeptieren, was natürlich ist, positiv aufnehmen, was sich nicht ändern läßt. Es gibt eine ganze

Menge guter Gründe, das Leben zu genießen, und es gibt viele aufregende Dinge zu entdecken, für die ich vorher unter Umständen keinen Sinn gehabt oder gar nicht erst gewußt habe, wie ich sie angehen soll.

*

Wir sind derart unstet, daß wir die Fähigkeit verloren haben, das Leben so zu lieben, wie es uns in der jeweiligen Altersphase geschenkt wird. Wir sind von einer Unruhe besessen, keiner positiven, produktiven Unruhe, die uns für Neues empfänglich machte, sondern von der kindischen Zappeligkeit der ewig Unzufriedenen, die nicht zu sich finden, sich verzetteln und sich in etwas verrennen.

Wir gestehen uns schlichtweg nicht zu, selbstverständlich begehrenswert und liebenswert zu sein, weil wir nicht den von anderen (nicht immer realen und auch nicht immer seriösen Instanzen) aufgestellten Normen entsprechen, weil wir zu groß oder zu dick oder zu alt oder nicht vornehm genug oder nicht reich genug oder nicht mächtig genug sind.

Will heißen, wir gestatten uns nicht, geliebt zu werden.

Ein reiferer oder alter Körper kann genauso gesund und in sich harmonisch sein, wie ein junger Körper krank oder unförmig sein kann. *Aber es wäre kindisch und grausam, einen reiferen oder alten Körper mit einem jungen Körper in der Blüte der Jahre zu vergleichen.*

Um ein gelassener Mensch zu sein, mehr zu wissen und an eigenen Standpunkten festzuhalten, kurz, um ein Individuum zu sein, bedarf es der Reflexion, der Sicherheit und Eigenständigkeit. Doch diese Ansicht ist antiquiert. Aus der Mode. Werden wir doch ständig aufgefordert, *das Leben zu genießen* – was immer das heißen mag.

Als junges Mädchen habe ich oft (auch heute passiert das gelegentlich) Sätze gehört wie: »Heiratet nicht so früh, ihr müßt erst einmal das Leben genießen!« Das aber galt nur für die jungen Männer. Die jungen Mädchen bereiteten sich darauf vor, brav zu sein und sich unterzuordnen. Heute höre ich: »Kommt mir bloß nicht auf die Idee, gleich Kinder zu kriegen, genießt erst einmal das Leben!«

Ich könnte gar nicht sagen, was ich von dieser Phrase halte, denn mir kommt sie nicht über die Lippen. Ich weiß nur, daß *genießen* nicht unbedingt kaufen, auskosten, besitzen, reisen, tanzen, Sex haben und konsumieren bedeuten muß. Das alles gehört dazu und ist wunderbar, aber was genau ist mit diesem *genießen* eigentlich gemeint?

Für die einen heißt das, immer mit der Mode zu gehen, auch wenn das modische Vorbild nicht im entferntesten den eigenen Möglichkeiten gerecht wird. Für andere heißt es, Konsumgüter zu besitzen, die von vornherein nicht den eigenen Wünschen entsprechen.

Wie wehrlose Tiere sind wir an Vorstellungen gefesselt, die wir nicht einmal gutheißen, sind Opfer der Phantasien, die von den Medien, der Industrie, der Mode, dem Handel ersonnen und genährt werden – und der Handel will uns diese zu Ikonen, zu höchsten Gütern erhobenen Waren verkaufen: *das jeweilige Schönheitsideal* und *die ewige Jugend*.

Die körperliche Veränderung wird allgemein so sehr als Schreckgespenst gefürchtet, daß wir häufig, wenn wir uns nach jemandem erkundigen, die – gelinde gesagt – eigentümliche Antwort erhalten (begleitet von der entsprechenden Handbewegung):

»Wie geht es Ihrer Tochter?«

»Die ist viiiiel zu dick!«

»Und was macht Herr Sowieso?«

»Na ja, der hat mächtig zugelegt.«

Den Menschen kommt gar nicht in den Sinn, daß ich wissen möchte, ob die betreffende Person auf Reisen ist, ob sie noch ein Kind bekommen hat, ob sie das Studium beendet hat, krank ist oder fröhlich, ob sie in Rente gegangen ist, ob sie wieder geheiratet hat.

Derzeit ist für uns – noch vor Geld und sozialer Stellung – die äußere Erscheinung am wichtigsten. Deshalb heißt leben nicht sich weiterentwickeln, sondern sich abnutzen und verwelken. Dabei gehört es zum Wachstum, daß in der Kindheit meine Knochen länger werden und meine Schuhgröße nicht bei 25 stehenbleibt. Genauso gehört es zum Wachstum, daß sich der Körper im reiferen Alter verändert und sich auch weiter verändern wird.

Es gehört zum Leben, nicht zum Tod, daß mit sechzig, siebzig, achtzig Jahren mein Gang nicht mehr so flott, meine Haut faltig geworden, meine Haltung nicht mehr so aufrecht ist, meine Augen weniger glänzen. *Aber es gehört nicht dazu,* daß ich mich als Ausschuß betrachte und mich im Abseits verberge, mir das Recht abspreche, mich zu bewegen, zu handeln, aktiv teilzunehmen – im Rahmen meiner natürlichen Grenzen.

»Ich gehe schon seit Jahren nicht mehr ins Schwimmbad, ich werde mich doch so, mit meiner jetzigen Figur, nicht in der Öffentlichkeit zeigen!«

Eine Frau, die so spricht und wieder sein möchte, wie sie vor zwanzig oder vierzig Jahren war, muß das Gefühl haben, daß sie nicht mehr lebendig ist. Daß die Person im Spiegel nicht eine Fortsetzung der früheren ist, sondern ein Verrat der Natur.

*

Unabhängig von Genen, bestehenden Möglichkeiten und Alter sind wir immer unzufrieden, weil wir eigentlich blonder, brünetter, schlanker, größer, sportlicher sein, eine glattere Haut, verführerischere Augen haben möchten.

Warum akzeptieren und kultivieren wir die wahnwitzige Idee, daß nur die Jugend gut und schön ist und das Recht hat, etwas zu wagen, zu erneuern, zu lieben? Daß nur sie eine Daseinsberechtigung hat?

Ein guter Teil unseres Leidens (und ich spreche nur von

unnötigem Leiden) ist darauf zurückzuführen, daß *wir so kindisch sind.* Wir trauern dem nach, was wir körperlich nicht sind, und leiden auch noch darunter, etwas tun zu müssen:

Alle Produkte kaufen.

Alle angesagten Orte besuchen.

Vor allem: nie Ruhe geben, uns nie begnügen, uns nie selbst akzeptieren.

Innehalten und nachdenken, das kommt nicht in Frage – das wäre viel zu schmerzhaft.

Dies alles deutet aber nicht auf einen neugierigen Geist hin, sondern auf eine unsichere Seele. Wir leben das Leben nicht, und *genießen* können wir es schon gar nicht.

Ebenso wenig können wir plötzlich in der ganzen Hektik innehalten und uns unserer komplexen, menschlichen Existenz bewußt werden, der Tatsache, daß wir eine Entwicklung erfahren und ein Schicksal haben.

Wir können nicht nach Lust und Laune den Zeitpunkt bestimmen, wann wir lieben wollen, wann wir gesittet oder großzügig sein, wann wir nachdenken, in uns und in die Menschen hineinschauen wollen, mit denen wir das Leben teilen. Wann wir uns selbst hinterfragen wollen. Wann wir unseren Kindern etwas von dem zeigen wollen, wie wir denken, wann wir dem geliebten Menschen ein treuer Gefährte und Kamerad sein wollen.

So funktionieren wir nicht.

Unsere Lebensphasen sind nicht durch Dämme und Wälle abgeteilt – sie gehen fließend ineinander über. Also ist immer der richtige Zeitpunkt. Aber er muß sich natürlich ergeben, *er muß Teil des Zusammenlebens sein,* nicht wie ein Fremdkörper in den Alltag eingebracht werden, wenn wir unruhig sind oder Schuldgefühle haben. Liebe, die im Dialog steht, ist eine Gewohnheit. Wenn diese Gewohnheit nicht gepflegt wird, kann sie auch nicht unverhofft eine schöne, reife Frucht hervorbringen.

Selbst in der Sexualität sind wir bei aller Angeberei, trotz der gewonnenen Freiheit und der unglaublichen Vielzahl an (zumeist recht fragwürdigen) Informationen noch immer nahezu Anfänger.

Letztlich unterwerfen wir uns dem Zwang, phantastische Sexpartner zu sein (was fast immer gelogen und aus Unsicherheit geprahlt ist), doch menschlich gesehen lassen wir dabei vermutlich zu wünschen übrig. Wenn die Medien mir anbieten, zu einem moderaten Preis in zehn Lektionen zu lernen, wie ich im Bett – und auch anderswo – glücklich werde, ist es durchaus angebracht, das Ganze zu analysieren und sich selbst zu sagen, daß es ein Köder ist, denn *Liebesglück ist nicht das Resultat einer Praktik, sondern bedingt durch die Zärtlichkeit, die der Praktik erst Intensität und Vollkommenheit verleiht.*

Wir müßten lernen, gegen absurde Vorbilder zu kämpfen; herausfinden, wer bin ich, was mag ich, wie bin ich gern – was macht mich am glücklichsten. Das findet sich in keiner Zeitschrift, nicht im Fernsehen, nicht in Ratschlägen guter Freunde – es ist etwas ganz Intimes, Persönliches, das sich nicht übertragen läßt. Das muß jeder für sich ergründen und gestalten.

Mit dem Glück ist es so: Jeder nimmt sich tagtäglich das Quentchen, das der Markt ihm bietet ... oder aber er nimmt sein Glück in die eigenen Hände.

4. *Verlieren, ohne sich zu verlieren*

Fort sind die Lieben, die ich hatte
Oder die mich hatten –
Fortgegangen
In einem schweigenden, leuchtenden Gefolge.
Die Zeit hat mich gelehrt,
Nicht zu sehr an den Tod zu glauben
Und nicht auf das Leben zu verzichten.
Ich hege Freuden in einem Garten,
In dem auch meine alten Träume,
Vergangenen Lieben, ihre Geheimnisse und ich
verweilen.
Und die Hoffnung, die wie farbige Steinchen
Zwischen den Wurzeln funkelt.

(Secreta mirada, 1997)

Hoffnung, meine Geliebte

In der Blüte ihrer Jugend versuchte sie sich das Leben zu nehmen. Als sie im Krankenhaus aufwachte, stand vor ihr eine Schwester und fragte: »Aber warum? Warum?«

Bei klarem Bewußtsein, ganz von ihrem Schmerz erfüllt, antwortete sie knapp: »Keine Hoffnung mehr.«

Wir alle kennen diese Tage ohne Licht am Ende des Tunnels. Die Erfahrung lehrt uns, daß sie vorübergehen, es sei denn, wir sind krank oder eingefleischte Pessimisten – von Haus aus oder dazu gemacht worden.

Wie optimistisch wir sind, hängt von unserer Erziehung ab, dem familiären Umfeld, der genetischen Veranlagung (ach, die Gene der Seele ...), momentanen Umständen. Natürlich ist es leicht, zuversichtlich zu sein, wenn man zufrieden ist.

Doch wir sind nicht nur unsere Situation, wir sind auch unser Wesen.

Der Pessimist sucht jeden Morgen in der Zeitung die schlechten Nachrichten und schickt sie seinen Freunden; seiner Ansicht nach taugt der Mensch nichts, ist die Welt nur eine Bühne für Kriege und Korruption.

Der überschwengliche Optimist glaubt, die Wirklichkeit sei so wie in den Telenovelas und Teenagerträumen, den Moden, den Zeitschriften, dem Leben am Strand und in den Clubs. Der Vernünftige (nicht der Humorlose, nicht der Langweiler) weiß zwar, daß der Mensch nichts Besonderes ist, aber er liebt ihn trotzdem; daß das Leben ein Kampf ist, aber er will es gut leben; daß es – neben Ungerechtigkeit, Verrat und Leiden – auch Schönheit und Zuneigung gibt und wunderbare Augenblicke. Daß man Vertrauen haben kann, ohne fürchten zu müssen, jeden Moment von dem geliebten Menschen hintergangen zu werden.

Ich kann eine pessimistische Grundstimmung haben, von Natur aus, durch Prägung oder Umstände. Aber es kann auch sein, daß ich lediglich deprimiert bin.

Um aus einer depressiven Phase herauszukommen, gibt es vielerlei Mittel, und sie alle stehen jedem zur Verfügung. Eine Therapie, ein schöner Spaziergang, eine neue Liebe, das Haar färben, in herrlicher Umgebung zu Abend essen, die Blumentöpfe im Garten umstellen, sich darum kümmern, was sich in der Kunstszene tut. Lesen, nachdenken, das Innere und das Äußere betrachten. Einen Hund kaufen, zum Fußball gehen, eine Reise planen (unter Umständen genügt schon das Planen allein). Versuchen, Zugang zur Kunst zu finden, gleich welcher Art. Interessen und Neigungen erneuern, sie pflegen.

Wenn ich aber meine Depression oder die Tatsache, daß ich ein Schwarzseher bin, genieße und damit die anderen auf mich aufmerksam machen oder sie (mich selbst?) bestrafen will, entscheide ich mich unter Umständen für ewige Unzufriedenheit. Nach und nach werde ich aus dem Kreis derer verbannt werden, die entschieden der Hoffnung treu sind.

*

Auch nachdem einem die Jahre vieles (vielleicht die Familie, die Arbeit, meinen Körper, meine Lieben) genommen haben, kann fortbestehen, was schön war – nicht als Dunkelheit, als Leere, sondern als Anlaß für uns, neu aufzublühen. Den Stuhl aus dem Schatten zu ziehen und uns ein wenig in die Sonne zu setzen. Wenn sich nach einem schweren Verlust das erste Entsetzen gelegt hat, reißen in der Finsternis aus Ohnmachtsgefühl und Rebellion allmählich Lücken auf, durch die sich das frühere Licht auf das Jetzt ergießt.

Der Tisch dort in dem Raum, das Kind und der Freund, dieser bestimmte Ton auf dem Klavier, der Ast des Baumes, den wir eigentlich absägen wollten, der Bürgersteig, den wir vor Jahren entlanggegangen sind – alles ruft uns zu: nicht mehr die Vergangenheit zu beweinen, sondern in die Gegenwart zu projizieren, was nicht verloren ist, weil es schön war.

Und allmählich wird uns bewußt, daß wir es auch den verlorenen Lieben, den fast vergessenen Freunden, dem mitsamt einem Teil unserer Kindheit verkauften Haus, der Person, die wir in all diesen Jahren waren, schuldig sind, wieder zurück ins Leben zu finden. Mit einem anderen Menschen oder allein, in einem anderen Haus, mit anderen Freunden, mit neuen Gegenständen oder inmitten der alten.

Von den schönen Dingen, die ein Ende gefunden haben, geht noch immer ein Licht aus – und die Fähigkeit, auch dem Alltäglichsten einen gewissen Reiz abzugewinnen. Das ist der *heimliche Blick*, den ein jeder auf die Dinge werfen kann. Er trübt sich allerdings durch Hetzerei, ein Übermaß an Pflichten und den Anspruch an uns selbst, sein zu wollen, was wir nicht sein können.

Um eine Lebensphase, gleich welche, mit Freude zu leben, mit Stil und Vitalität, müssen wir davon überzeugt sein, daß es sich lohnt. Daß es die Möglichkeit gibt, glücklich zu sein, noch glücklicher zu sein, und daß wir danach streben können. Damit ist keine Jagd auf Schätze gemeint, die man mit Geld kaufen kann, sondern um eine Suche in unserem Innern, nach unseren Werten, unserem Selbstwert, unseren Überzeugungen und wahren Wünschen.

Will ich genau den Körper, die Sexualität, die Konsumartikel haben, die andere von mir verlangen – oder bin ich es zufrieden, wenn ich bleibe, wie ich bin, genieße, was ich mir leisten kann, und plane, was ich verändern kann?

Um solche Fragen beantworten zu können, müßten wir in unserem Alltag die Möglichkeit zum Rückzug schaffen, zur Reflexion, zur Selbstbesinnung. Um Antworten zu finden, braucht es das *aktive Schweigen eines denkenden Menschen.*

Aber es ist gar nicht so einfach, sich der gesellschaftlichen Konvention zu entziehen, die uns zwar eine breite Auswahl an Büchern und Kursen zu den Themen Meditation, Reflexion, Spiritualität (inzwischen auch schon fast eine Mode) bietet, gleichzeitig jedoch unbedingt verlangt, daß wir uns abhetzen: Wir sollen ausgehen, aktiv sein und gesellig, uns umsehen und uns sehen lassen.

Wir sollen gut gelaunt und informiert sein, sollen uns zeigen, schick sein, die Lokale kennen, die gerade in sind, und reisen – allerdings nicht, um unseren Horizont zu erweitern, sondern um anschließend bei Freunden oder Bekannten mitreden zu können. Über das neueste Restaurant, die modernste Galerie, das tollste Geschäft.

Wir sollen zu einem bestimmten Zeitpunkt glücklich sein, zum Beispiel am Wochenende, so wie manche Paare es brauchen, (nur) am Samstagnachmittag miteinander zu schlafen.

*

In der Jugend sind wir Lehrlinge, Amateure des Lebens. Im reiferen Alter sollten wir richtige Lebens-Profis sein: geistig klar und noch optimistisch, dazu gelassener, von einer anderen Schönheit, produktiv und kompetent.

Aber man hat mir gesagt, daß ich ab einem bestimmten Alter nicht mehr umziehen, den Wohnort wechseln, mich anders kleiden, meine Ziele ändern könne. Selbst in der schlimmsten Beziehung sei nicht daran zu denken, daß ich mich trenne, mich neu verliebe (auch nicht, wenn ich frei wäre), ein gutes Sexualleben habe (auch nicht, wenn ich gesund wäre).

Haben wir denn keine Wahl mehr, sobald wir über *ein gewisses Alter* hinaus sind? Vergeht mit dem Lauf der Zeit tatsächlich auch *unsere Zeit*?

Wir können uns entscheiden, jeder von uns. Wir haben die Wahl, bei aller Unsicherheit. Wir können etwas ändern, glauben jedoch oft nicht daran. Unser Zögern ist zu einem guten Teil durch andere bedingt, durch Ratschläge von anderen, oberflächliche Ziele, törichte Beispiele.

Ein glückliches Leben zu führen dürfte doch eigentlich nicht so kompliziert sein, hat einmal jemand gesagt. Aber warum gelingt uns dann nicht wenigstens zu vereinfachen, was immer wir vereinfachen können?

Zum Reifeprozeß sollte eben auch gehören, sich im Streben nach Schlichtheit zu vervollkommnen.

In meinen Romanen schreibe ich über unsere dunklen Seiten, über Konflikte und Dramen. Ich versuche, das finstere Antlitz zu enthüllen, das Potential an Verderbtheit, an Selbstzerstörung, an aufgestautem Haß und Groll aufzudecken, das im Menschen steckt. Aber ich glaube nicht, daß der Mensch hauptsächlich so ist. Ich mag Menschen. Ich empfinde Solidarität für die Figuren in meinen Werken, die ich mit Hilfe meiner Vorstellungskraft erschaffen habe.

Wer mich nicht kennt und mich aufgrund meiner Bücher für abweisend oder negativ hält, irrt sich: In mir lebt eine unverbesserliche Optimistin, die daran glaubt, daß Glücklichsein möglich ist. Erneuerung, Überwindung, Überleben – nicht als Trümmer und Rest, sondern unversehrt in jeder Lebensphase.

Ich glaube, leben heißt erarbeiten und erschaffen – Unglück, Krankheit und Tod sind unvermeidlich. Aber alles andere – und zwar das weite Feld meiner Innen- und Außenwelt – schaffe ich mir selbst. Ich bin Herrin meines Schicksals. Doch es ist bequemer, sich über das Schicksal zu beklagen, als die eigenen Entscheidungen zu revidieren, die eigenen Pläne zu verbessern.

»Wie kann ich optimistisch sein, wenn meine Mutter Alzheimer hat, mein Mann nur eine kleine Rente bezieht und deprimiert zu Hause sitzt und mein Sohn seinen Weg nicht findet … wenn ich Flecken auf den Händen habe, mein Hals faltig geworden ist, meine Brüste noch schlaffer hängen?«

Man kann es.

Nicht unbedingt mit Hilfe neuer Sextechniken oder Markenartikel, nicht im angesagten Klub, auch nicht am exklusivsten Strand – nein, das lerne ich hier: in der häuslichen Stille, in der Stille meines Körpers, meiner Gedanken. Mit der eigenen Entscheidungsfreude, vielleicht, indem ich es wage, über meinen eigenen Schatten zu springen.

Wenn ich akzeptiere, daß alles mit Ende der Jugend vorbei ist, wird die Chance, mich noch zu einem vollwertigen Menschen zu entwickeln, von Jahr zu Jahr geringer. Denn diese Haltung führt zu Trägheit und zur Vergeudung von Talenten, die, unabhängig vom Alter, bis zum Ende gepflegt werden könnten.

Als ich nach der Trennung vom Vater meiner Kinder ein neues Leben mit einem anderen Mann begann, lautete der Satz, den ich am häufigsten von Freunden zu hören bekam: »Kann man denn in deinem Alter noch einmal glücklich werden?«

Worauf ich erstaunt erwiderte: »Meine Lieben, ich bin erst sechsundvierzig und nicht hundersechsundvierzig!«

Das hat mein Interesse an der Frage weiter verstärkt – wir sind modern, aber so altmodisch; wir sind befreit, aber so beschränkt; wir leben im neuen Jahrtausend, akzeptieren aber noch nicht einmal *mit unserem Verstand,* daß die Zeit vergeht und wir *mit* der Zeit gehen.

Wenn das Fundament gelegt ist – die Jugend –, fangen wir endlich an zu wachsen. Wir lernen uns zu entspannen, mehr Humor zu haben, Negatives besser zu meiden, mehr auf das zu achten, was rings um uns geschieht. Glück verlangt Geduld – es ist ein Ergebnis, ein Zuwachs, eine Errungenschaft und Vervollkommnung.

*

Bei einem Vortrag über neue Interessensgebiete des reiferen und hohen Alters fiel mir auf, daß neunzig Prozent des Publikums Frauen waren.

Ich fragte einen der anderen Redner, einen Arzt, der neben mir auf dem Podium saß: »Wo sind die Männer, die hier im Publikum sitzen müßten?«

Er fragte lachend zurück: »Haben Sie schon einmal von Ausflugsfahrten für Witwer oder Vorträgen für Männer gehört?«

Darüber hatte ich noch nie nachgedacht. Warum gibt es sie nicht? Weil es weniger verwitwete Männer gibt, da sie vor den Frauen sterben, und die Männer, die zurückbleiben, selten lange allein bleiben, sondern sich bald eine neue Gefährtin suchen? Möglich.

Weil viele Witwer resignieren, länger deprimiert sind, sich mehr an die Kinder halten? Auch möglich.

Weil sie sich mehr mit ihrer Arbeit beschäftigen, wenn sie nicht – unnötigerweise – vorzeitig in Rente gehen? Dito.

Vermutlich sind sie stärker durch die ihnen aufgezwungene Konvention gehemmt, daß man sich nicht verändern darf, daß man eine Position erobern und sich daran klammern muß, daß davon Abstand nehmen eine Schwäche wäre.

Außerdem sind Frauen eher in der Lage, Kontakte zu knüpfen, Gefühle zu zeigen, sich in eine Gruppe einzubinden. Sie sind solidarischer und halten besser zusammen. Und können vielleicht mehr Lebensfreude empfinden.

Ich erlebe Frauen, die reisen – allein, zu zweit oder in Gruppen –, die Spaß haben, gerne Neues kennenlernen, ihre Interessen pflegen, neue Bekanntschaften machen, wieder an die Universität gehen. Die aktiv sind und sich weiterentwickeln.

Daß Männer das gleiche tun, erlebe ich nicht so oft. Männer, die zu zweit oder in Gruppen reisen, kenne ich nicht. Die wieder an die Universität gehen, wenige. Warum zum Beispiel kann man nicht mit siebzig noch ein Aufbaustudium absolvieren? Oder zum ersten Mal eine öffentliche Bibliothek betreten und sich ansehen, was die Bücher zu bieten haben? Oder was es Neues im Kino gibt?

Wie dem auch sei, wir alle müssen eine Lösung finden für die lähmende *Angst davor, daß die Zeit vergeht, die letztlich Angst vor dem Leben ist.* Am liebsten würden wir gar nicht leben, um unsere Seele nicht zu strapazieren, und uns im Schneckenhaus der Entfremdung verkriechen.

Aber wie kann man das wollen, wenn man gleichzeitig das Gefühl haben muß, dabei jeden Tag etwas zu verlieren?

Geht etwas verloren?

O ja, vieles geht verloren!

Ich kann heute schon eine kleine Liste von Menschen aufzählen, die ich geliebt habe und die sich zurückgezogen haben oder gestorben sind; wenn ich die achtzig erreiche, wird sie fraglos länger geworden sein. Aber ich habe auch eine schöne Liste von Menschen, die hinzugekommen sind: nicht nur die Enkel, auch neue Freunde aller Altersstufen. Ganz zu schweigen von den technischen Neuheiten, die ich kennenlernen oder nutzen möchte, den Entdeckungen, die zu verstehen ich mich bemühe, den Büchern, die ich lesen, den Dingen, die ich noch tun möchte.

Vor einiger Zeit fragte ich meine Tochter, eine Ärztin, ob ich nicht vielleicht an Flüssigkeitsmangel leide, weil meine Haut sich verändert habe. Sie sah mich an, lächelte auf die gewisse mütterliche Art, mit der uns Töchter manchmal behandeln, und sagte liebevoll scherzend: »Mama, du bist sechzig Jahre alt, oder? Das ist es, mehr nicht.«

Wir lachten zusammen, wie nur Mütter und Töchter zusammen lachen können.

Nicht eine Sekunde lang sehnte ich mich nach der Haut, die ich als Zwanzigjährige hatte, denn damals durchlebte ich auch all die Ängste (und Wonnen) dieses Alters, von denen ich heute verschont werde.

Ich musterte mich im Spiegel, mit der Brille, die ich seit jeher zum Lesen brauche. Es stimmte: Vieles hatte sich verändert. Ich sehe nicht verbraucht aus, ich sehe nur anders aus. Ich unterscheide mich physisch von dem Mädchen und der jungen Frau, die ich einmal war.

Wie soll ich damit umgehen? Verzweifeln, mich schämen, mich zurücksehnen? Ich bin lieber vergnügt, sehe frank und frei der Tatsache, daß ich mich verändert habe, ins Gesicht, und weiß, daß alle, die mich früher geliebt haben, mich trotzdem – oder gerade deshalb – nach wie vor lieben.

»Aber wie ist es möglich, daß etwas im Alter besser wird?« hat man mich leicht indigniert gefragt.

Da habe ich, halb scherzhaft, aufgezählt: Ich habe viel mehr Spaß, allem voran bei der Arbeit. Schreiben. Veröffentlichen. Auf Kritiken und Verkaufszahlen meines ersten Romans, den ich mit vierzig geschrieben habe, zu warten, war Rausch und Qual zugleich. Heute, nachdem ich so viele Bücher verfaßt und so viele treue Leser gewonnen habe, macht mir das, ehrlich gesagt, überhaupt nichts mehr aus. Ich muß nicht mehr beweisen, daß ich es kann; ich muß nur das, was ich mache, mit noch größerer Leichtigkeit (aber niemals weniger Ernsthaftigkeit) und Fröhlichkeit tun. Mit höherem Anspruch, richtig, aber ohne zu große Anspannung.

Der Gedanke, meinen Kollegen gegenüber Aggressionen zu verspüren, ist mir fremd. Ich habe früh gelernt, daß es in unserem Arbeitsbereich Platz für viele, für alle gibt. Ich kann mich über den Erfolg der anderen freuen, ohne Angst zu haben, daß er meinen kleinen Erfolg beeinträchtigen könnte.

Weil ich großzügig bin?

Nein. Sondern weil ich mich zwar häufig verrenne, täusche, alle nur erdenklichen Dummheiten anstelle, aber nicht mehr so hektisch und unsicher bin wie mit zwanzig Jahren. Auch nicht mehr – wie wir alle in unserer Jugend – auf die nette Art eine Spur arrogant, weshalb wir glaubten, die Welt gehöre uns und müsse uns zu Füßen liegen.

Mein Körper verändert sich, und er verändert sich schon seit meiner Geburt. Mein Herz verändert sich mit jeder neuen Erfahrung. Aber es klopft noch, zuckt zusammen und erschreckt sich. Schönes und Gutes, Böses und Enttäuschendes berühren mich noch genauso wie mit zehn Jahren.

So sind wir – diese Mischung, dieser Widerspruch, dieses ständige Hinterfragen. Wir sind lebendig.

Ich will aber auch nicht behaupten, daß das reifere Alter »besser« wäre als die Jugend oder das hohe Alter »besser« als das reifere – ich sage nur, daß jede Zeit *meine* Zeit ist und daß ich versuchen muß, sie so gut wie möglich auszufüllen, realistisch, vernünftig, mit einer Spur Wagemut und aller Lebensfreude, zu der ich fähig bin.

Im Innern bin ich noch immer das kleine Mädchen, das bei jeder für andere unbedeutenden Kleinigkeit erschreckt oder Spaß hat. Ich lebe halb in Träumereien, halb im praktischen Leben, ohne richtig zu wissen, wohin ich gehöre. Mit der Zeit konnte ich begreifen, daß diese Uneindeutigkeit nur äußerlich ist, daß diese Ambivalenz mir Stärke verleiht. In meinen Romanen habe ich so manches beschworen und daraus gelernt, daß Humor für die Liebe hilfreich sein kann.

Sie hat schon einige Vorteile, die Zeit der Reife, von der der Dichter spricht.

Welch eine Freiheit, sich nicht mehr für einen Beruf entscheiden und sich darin behaupten zu müssen; Kinder in die Welt setzen und sie großziehen, ein Haus kaufen, den Gürtel enger schnallen zu müssen; nicht mehr die ganze große Zukunft fürchten zu müssen – und mich zu fragen, ob es darin einen Platz für mich geben wird.

So manches, was zu seiner Zeit dramatisch war, ist heute nur eine Erinnerung, bei der ich voller Mitgefühl über die junge Frau lächeln muß, die so oft in die Bredouille geraten war.

Wenn mich heute jemand liebt, dann gewiß nicht wegen eines schönen Körpers, der sich zwangsläufig weiter verändern wird, sondern weil ich so unbeschönigt bin, wie ich bin. Keine zwanzigjährige strahlende Schönheit stellt für mich eine Bedrohung dar – ich bewege mich auf anderem Terrain.

Ich habe Verluste erlitten, und sie mehren sich, je mehr Zeit vergeht. Ich habe Dinge hinzugewonnen, so daß ich unterm Strich nicht das Gefühl habe, ungerecht behandelt worden zu sein. Insbesondere habe ich nicht meine hartnäckige Zuversicht verloren, die mich vorantreibt, wenn mir der nächste Schritt allzu schwierig erscheint.

*

Für Neuerungen und Veränderungen offen sein heißt lebendig sein. Ganz gleich, in welcher Lebensphase wir uns befinden. Und wenn uns eine neue Liebe begegnet, können wir dafür jederzeit entflammen. Wir müssen keine Familie mehr gründen, keine Kinder mehr großziehen (was ich seinerzeit unbedingt wollte, und es hat mir unglaublich viel Freude bereitet).

Wir erfüllen viele Pflichten. Wir machen Fehler, denn auch das muß sein. Wir leiden, denn es gehört dazu.

Die Kinder, die an unserem Rockschoß hingen, sind inzwischen erwachsen, leben in unserer Nähe oder weit weg, sind aber immer noch unsere Kinder. Die Mutter-Kind-

Beziehung hat sich verändert, ist bereichert worden. Wir können sie sogar daran teilhaben lassen, wenn sich bei uns etwas Neues tut.

»Aber was soll sich denn tun?«

»Was weiß ich, ein neuer Plan, eine Reise, ein Kursus, eine Freundschaft, eine Liebe.«

»Eine Liebe? In diesem Alter?«

Mütter und Großmütter sind aktiv, sie reisen, lieben, studieren, und zwar ganz einfach deshalb, weil sie denkende Menschen und bis ins hohe Alter dazu in der Lage sind. Doch in manchen Familien gnade ihnen Gott, wenn sie, ob geschieden oder verwitwet, eine neue Liebesbeziehung eingehen wollen.

Das sind eben die Widersprüche einer unzulänglich entwickelten Kultur: Sie gibt sich modern, und ist dabei doch kindisch und antiquiert.

»Ich darf keine Beziehung eingehen, meine Kinder würden mich umbringen! Meinen Freund der Familie präsentieren, nicht dran zu denken, meine Kinder fänden das lächerlich!«

Es liegt bei uns, ob unser Leben ein Terrain ist, das uns selbst gehört oder uns lediglich widerstrebend von anderen – auch den eigenen Kindern – geliehen wurde. Ob wir auf diesem Terrain ungehindert Pläne verfolgen und Erfahrungen sammeln können, oder ob es einer engen Grube gleicht, in der wir uns verstecken und auf den Todesstoß warten.

*

»Die nagende, fressende Zeit muß wieder eingeführt werden«, sagt eine meiner Romanfiguren, und ich füge an: zu unseren Gunsten.

Wir verlieren viel Zeit in dem Bestreben, die Zeit zu täuschen. Wir werden zwangsläufig älter, empfinden uns aber nicht als gelassener und sind auch nicht zufriedener.

»Wie soll ich denn jetzt zufrieden sein, mit meinen fünfzig Jahren? Mit sechzig wird es noch schlimmer, mit siebzig eine Katastrophe.«

Im reiferen Alter können wir viel Schönes erleben, was in der Jugend nicht möglich war. Entweder wir hatten dafür keinen Sinn, uns fehlte die nötige Erfahrung und Freiheit oder der richtige Blick. Wir waren zu beschäftigt, zu angespannt, zu zerrissen.

Wenn es einmal nichts unmittelbar zu »tun« gibt, und darunter verstehen wir im allgemeinen agieren, hetzen, uns beeilen, nehmen wir uns doch etwas vor. Das kann einfach nur Betrachten sein. Denken. Lesen. Schauen. Gehen.

Völlig unerwartet taucht irgendwann etwas vor uns auf, das wir konkret »tun« können.

Wir können sogar, statt uns dem »Leeres-Nest-Syndrom« hinzugeben, diese Leere (denn Kinder bleiben immer unsere Kinder, auch wenn sie nicht bei uns wohnen) mit tausend Dingen ausfüllen. Womöglich entdecken wir, daß wir uns ohne die vielen Anforderungen der Familie an uns freier entfalten und weiterentwickeln können. Es war schön, es hat Spaß gemacht, es war sogar anregend und auch schwierig, doch jetzt ist etwas anderes dran.

Allerdings nicht Keine-Zeit-Haben – und das ist ein großer Unterschied.

*

Die eigene Situation überdenken und sich persönlich neu orientieren hat viele Frauen dazu gebracht, im reiferen Alter aus dem Schatten herauszutreten und im Beruf, in der Wissenschaft und in der Kunst erfolgreich zu sein. Als die Kinder groß waren und Monotonie sich einschlich, stellten sie fest, daß sie noch Energie und Vitalität besaßen – vor ihnen lagen unentdeckte Wege. Sie machten sich auf, sie zu erforschen.

Viele haben dazu nicht den Mut aufgebracht. Viele sind unterwegs steckengeblieben. Viele sind vom Kurs abgekommen. Die eine oder andere hat gespürt, daß sie besser wagen sollte, die Sache wieder aufzugeben. Aber ein guter Teil hat sich aufgeschwungen, hat etwas zustande gebracht, hat teilgenommen und ist wieder aufgeblüht.

In meinem Fall hatten mir Unsicherheit und Bequemlichkeit verheißen, daß ich nichts anderes als Glossen und Gedichte verfassen würde. Belletristik zu schreiben, was mich schon seit meiner Kindheit lockte, schien mir verwehrt – mir fehlte das nötige Selbstvertrauen. Mir fehlte der Wagemut, der sich bei manchen Menschen erst im reiferen Alter oder noch später einstellt.

Ich hatte die bequeme Haltung des »Ich? Wie kommst du denn darauf!« eingenommen, die uns viele Risiken erspart. Ich ahnte, daß ich, sollte ich Romane schreiben, aus meinem Innern dramatische Gestalten hervorholen, Ängste und Zweifel hervorrufen würde, die weit über meine persönlichen Erfahrungen hinausgehen würden – denn wir sprechen für andere, für viele, für alle. Welch eigentümliche Geschöpfe würden den Schrank, in dem sie eingesperrt waren, verlassen – und was würden sie mit mir anstellen?

Welchen Raum würden sie in meinem geordneten Alltag beanspruchen?

Wozu Beunruhigendes aufwirbeln, was so gut abgelegt war?

Das unselige »Was werden die Leute sagen« hemmte mich – schreiben und veröffentlichen sollte den letzten Dämon austreiben, der in mir zwar nie besonders aktiv gewirkt, doch immer wieder aus seiner Ecke hervorgelugt hatte.

Mit vierzig habe ich meinen ersten Roman geschrieben – bis dahin hatte ich nicht recht gewußt, was ich anfangen sollte. Bei uns zu Hause kam es immer wieder zu diesem Dialog:

»Mir fällt einfach nichts ein, was ich beruflich machen könnte.«

»Vielleicht solltest du dich weiter mit deiner Literatur beschäftigen.«

»Aber wie das?«

»Das findest du schon heraus.«

Ich habe es herausgefunden. Unter Schmerzen und Schwierigkeiten habe ich schließlich meinen Weg gemacht. Und festgestellt, daß viele Frauen in der damaligen gesellschaftlichen Situation und praktisch im selben Alter und mit der gleichen Lebenserfahrung begannen, menschlich und beruflich an Statur zu gewinnen.

Mir wurde klar, daß es in dem, was vermutlich die zweite Hälfte meines Lebens darstellte, viel zu tun gab. Ich begriff, daß es nicht darum ging, ans Aufhören zu denken, mich vor der Menopause zu fürchten, vor der Zukunft, davor, daß die Kinder aus dem Haus gehen würden, oder zu jammern, daß die Jugend vorbei sei ... sondern die Dinge neu zu ordnen, weiterzuentwickeln, ja sogar in einigen Bereichen einen Neuanfang zu wagen.

Das war der Beginn der Reife. Und ich machte eine ganze Reihe von Entdeckungen, mit großen Schwierigkeiten, aber auch viel Freude.

Wer mich liebte, vertraute mir und machte mir Mut, und dafür bin ich auf ewig dankbar – für die Liebe, die, statt mich zu beengen und zu beherrschen, mich befreit und mir geholfen hat, mich weiterzuentwickeln.

*

Eine der Frage, vielleicht die wesentlichste, lautet, *was* und *wieviel gestatten wir uns*. Wir tendieren dazu, uns zu wenig zuzugestehen und auf der bekannten Welle zu reiten: Zu diesem Zeitpunkt? In deiner Situation? Glaubst du denn wirklich, daß du ...?

Meine Freundin ließ sich scheiden, und als sie allein war,

kaufte sie sich eine große, helle Wohnung, in der bequem eine ganze Familie hätte wohnen können.

Anstelle von Beifall und Ermutigung fragten viele erstaunt: »Wozu brauchst du denn für dich allein eine so große Wohnung?«

Warum aber hätte sie sich, nachdem sie nun allein war, mit einer kleinen Wohnung zufriedengeben sollen – als stünde ihr nicht mehr Raum zu? So wie es häufig über Frauen heißt, deren Kinder aus dem Haus sind und deren Mann womöglich bereits verstorben ist: »Ist die Frau verrückt, wo gibt es denn so was, allein in einem solchen Riesenhaus?«

Aber warum soll man nicht in einem großen Haus wohnen bleiben (sofern nicht reale Sicherheitserwägungen dagegen sprechen), um Platz für die Kinder, Enkel und Freunde zu haben und Feste feiern zu können – oder einfach, weil es einem gefällt?

Die Privatsphäre ist unverzichtbarer Teil unserer permanenten Neuschöpfung. Sie sollte großzügig und hell sein. Dort könnten wir den Weg analysieren, den wir bereits zurückgelegt haben, unsere Parameter überprüfen, unsere Lieben und mögliche Projekte überdenken.

Doch in unserer Kultur des Lärms und der Hektik werden wir ständig angetrieben, etwas zu *machen,* etwas zu veranstalten, nicht aber nachzudenken – wir brauchen Events, Programme und Pläne, sonst haben wir das Gefühl, außen vor zu bleiben, zurückzufallen.

In Wirklichkeit jedoch schöpfen wir neue Kraft daraus, daß wir zur Ruhe kommen, in uns gehen, nachdenken. Ohne einen Augenblick des Schweigens und der Besinnung wird nichts erneuert, neu eingeführt, entfaltet oder tatsächlich getan. Und erst danach können, ja müssen wir es wollen und wagen.

Unsere Rettung liegt nicht in der bürokratischen Kleinbürgerlichkeit schwachmütiger Seelen, sondern vielmehr in der couragierten Suche in uns selbst nach dem nötigen Stoff, an dem wir uns festhalten können, wenn wir den Sprung wagen, manchmal sogar ohne Netz und doppelten Boden.

Man muß nicht überall sein, um an den Wundern und gelegentlichen Erschütterungen des Lebens teilzuhaben. Auch wer still in seinem Wohnzimmer oder an seinem Schreibtisch sitzt, kann ein erfülltes, bewußtes, vollwertiges Leben führen.

Nicht nur einmal haben mich Journalisten – die am Mythos vom Schriftsteller klebten, der noch mit der Hand schreibt und Neuerungen verabscheut – gefragt, was ich vom Internet halte, von Computern, von Mobiltelefonen, der Technologie und den Fortschritten der Wissenschaft.

Fliegen ist bequemer als in der Kutsche reisen; die Möglichkeit zu haben, mit einem geliebten Menschen mehrmals am Tag per E-Mail zu kommunizieren, ist besser, als alle zwei Wochen einen Brief zu schreiben. Ein Kind mit einem Impfstoff zu schützen ist besser, als zu riskieren, daß es an Pocken, Mumps, Masern oder Hepatitis erkrankt.

Es mag eine Frage der Gewohnheit und des persönlichen Geschmacks sein, und ein Füller hat sicherlich seinen Charme, aber ich kann mir schon seit Jahren nicht mehr vorstellen, mit der Hand zu schreiben und zu übersetzen. Der Computer ist ein freundlicher und höchst effizienter Diener, der mir die Arbeit erleichtert.

Es hat doch keinen Sinn, sich für ein isoliertes Leben zu entscheiden, wenn mir an der Haustür, im Fernsehen, im Computer so vieles geboten wird … Es sei denn, ich ziehe mich lieber in die Enge meiner Privatsphäre zurück, die keine Fenster besitzt und womöglich auch keine Tür.

Manche Menschen verkriechen sich gern in einer Höhle.

Das ist eine Möglichkeit, und man kann sich dafür entscheiden. Aber wer dies tut, solle bitte nicht sein Umfeld im Brodem seiner eiskalten Seele frieren lassen.

Zusammenfassung. Erstens, der Fortschritt kommt und ist nicht wieder rückgängig zu machen. Gegen den Strom schwimmen ist, gelinde gesagt, sinnlos und unbequem, außerdem kann es arrogant und dumm wirken. Zweitens: Es ist besser, die Dinge positiv zu sehen. Noch nie haben die Menschen so viel miteinander kommuniziert; Freunde, die sich niemals Briefe schreiben würden (Briefe gehören der Vergangenheit an, nicht wahr?), »sprechen« täglich miteinander per E-Mail. Menschen, die in bitterer Einsamkeit versauerten, knüpfen im *chatroom* neue Freundschaften. Liebespaaren, die räumlich getrennt sind, bietet es eine neue Art des »Zusammenseins«. Das ganze Universum steht uns offen: die neuesten Entdeckungen der Genforschung, Bücher, von denen wir nie zuvor gehört haben. Ich kann die großen Museen besuchen, über jedes Werk etwas lesen, jedes Detail näher ans Auge heranholen. Ich kann ferne Städte kennenlernen, Musik hören, Schach spielen. Die Auswahl ist nahezu unbegrenzt. Luxus wie Abfall der Kulturen stehen für mich bereit.

»Und was halten Sie davon, im Internet zu flirten oder Sex zu haben?»

Wie kindisch wir doch sind, wie kindisch manche Frage. Und gerade deshalb sympathisch. Ich antworte, daß es vermutlich nicht origineller ist, als das, was die Knaben früher mit einschlägigen Zeitschriften heimlich taten und heute noch tun.

Wir messen all diesen Vorurteilen, Details, Schamgefühlen und dieser Kritik eine viel zu große Bedeutung bei. Es gibt doch so vieles, woran wir uns begeistern können. Im weiten Meer der weiten Welt ist eine Technologie an sich weder gut noch schlecht, denn es kommt immer darauf an, wofür man sie einsetzt.

Der Gesellige benutzt den Computer für den Kontakt zu anderen, zum Recherchieren, um sich einem ganzen Universum zu öffnen. Der Depressive will sich noch mehr isolieren. Der Psychopath pflegt seine großen oder kleinen Gelüste.

*

Endlich, nach so vielen Höhen und Tiefen, haben wir, zumindest chronologisch gesehen, das Gefühl, reifer zu werden.

Das Gefühl, daß wir eine komfortable Zwischenstufe erreicht haben. Wir haben Schmerzen überwunden, Pflichten erfüllt, etwas zustande gebracht, das uns in der Jugend unvorstellbar schien.

Nun heißt es, sich zurücklehnen und Pläne für die Freiheit schmieden: eine Reise, einen neuen Kursus, welche Bücher wir lesen, welche Schmerzen wir vergessen, welche Freunde wir treffen wollen. Uns um die Pflanzen kümmern. Die Jalousien öffnen und jubeln, weil es ein herrlicher Morgen ist und wir eine Stunde durch Straßen laufen können, die wir seit vielen Jahren kennen – jedes Blatt, jede Mauer ist uns eng vertraut, und auch das ist schön.

Doch die alte Unruhe, dieser durchtriebene Kobold, streckt uns lauernd die Zunge heraus. Und was wird nun? Soll es jetzt bei diesem Nichtstun bleiben?

Fürchten wir womöglich, daß sich fortan alles auf diese innere Bequemlichkeit reduziert, in die sich die Erinnerungen betten, alles entwirrt und geklärt … Das denken wir nur.

Die Aufgabe Leben endet nie, es sei denn, wir beschließen es. Träume und Ängste flüstern uns ins Ohr, wenn alles friedlich scheint. Und die Gewißheit, endlich einen Punkt erreicht zu haben, an dem sich nichts mehr ändern wird, gerät alsbald ins Wanken.

Etwas Neues postiert sich neben den Sessel, in dem wir vielleicht gerade sitzen und harmlos fernsehen. Ein Wort, das wir gehört, ein Satz, den wir gelesen haben, ein neues Gesicht, ein alter Bekannter, ein Hauch, der uns berührt …

Wir erwachen aus unserer süßen Benommenheit, stecken den Kopf aus unserem Schneckenhaus.

Wir können uns entscheiden:

Ich will weiterschlafen.

Oder:

Ich gehe zur nächsten Ecke und sehe nach, was sich da tut.

Dieser Moment bestimmt darüber, ob ein Dasein künftig in Bewegung bleiben oder versteinern wird, ob es mit der Welt in Einklang verläuft oder nicht.

Wir haben die Qual der Wahl, doch ist sie lediglich ein Zeichen dafür, daß wir in Bewegung sind, wandelbar.

Auch jetzt bestimmt unser Gepäck aus angeborenen Neigungen, äußerem Einfluß und Lebenserfahrung mit, wie die nächsten Jahre verlaufen werden. Und Achtung: Das gilt für jeden Augenblick – sofern wir nicht schon mumifiziert sind.

»Was ist los mit dir?« fragen die Freunde.

»Du siehst ja prima aus!« sagen die Kollegen.

»Ich habe gehört, wie du im Badezimmer gesungen hast!« stellen die Kinder fest.

Nach und nach gewinnt der neue Wind an Stärke, der ein Projekt, eine Arbeit, eine Reise, eine neue Freundschaft oder eine Liebe sein kann. Seine Stimme ruft deutlich unseren Namen.

Vielleicht verstehen wir es noch gar nicht, doch das Schicksal – das die schönen wie die schlimmen Fallen bereithält, in die wir unweigerlich hineintappen, eben weil wir lebendig sind – winkt uns lächelnd mit *unserem neuen Geliebten: dem Leben*.

Die Zukunft liegt erneut in unserer Hand.

*

Brief an einen Freund, der kein E-Mail hat:

Du wirst mich für etwas verrückt und anmaßend halten wegen dieses ziemlich langen Briefs. Ich muß ihn mit der

Post schicken (zum Glück nicht mit einem reitenden Boten von einem Schloß zu einem anderen in weiter Ferne …), statt ihn einfach an eine E-Mail anzuhängen. Denn obwohl Du es könntest, weigerst Du Dich noch immer, Dir einen Computer anzuschaffen, verabscheust Modernes aller Art und findest, *Deine Zeit sei vorbei*.

Heute nacht habe ich von Dir geträumt, Du saßest allein und tieftraurig in einem riesigen leeren Haus auf einem öden Grundstück. Dann sah ich dasselbe Haus, nun von Bäumen und Blumen umgeben, und Du warst dabei, es zu renovieren: Es wurde gehämmert, es wurden köstliche Speisen bereitet, Freunde fanden sich ein zu einem Fest. Du hattest zu mir gesagt, Du würdest niemals zulassen, daß an dem Haus etwas verändert würde, alles solle so bleiben, wie es vor dreißig Jahren war. Wo gibt es denn so was, niemals etwas verändern, nicht am Haus und nicht einmal an sich selbst?

Ich fand den Traum so symbolträchtig, daß ich mir vornahm, ihn Dir zu erzählen.

Du bist ein netter Mann, gebildet und kultiviert, depressiv und resigniert. Ein paar Quentchen Humor hier und da, selbst in depressiven Momenten, zeigen mir, daß Du da herauskommen kannst – wenn Du es willst.

Ich möchte Dir ein paar Ratschläge geben, was Dir vielleicht anmaßend vorkommt, aber ich bitte Dich, darüber nachzudenken. Sie kommen nicht von einem einfältigen Mädchen, sondern von einer Frau, die durch das Reich der Schatten gegangen und von dort zurückgekehrt ist.

Bemitleide Dich nicht selbst. Du bist kein Opfer. Du sagst, Du seist schockiert gewesen, als Dir bewußt wurde, daß Du »den Anschluß verpaßt hattest, weil Du nicht damit gerechnet, die Zeichen der Zeit nicht beachtet hattest«. Also komm aus der Reserve, stell dich den Dingen, laß Dich darauf ein. Wenn nötig, mach einen Salto mortale – es kann Deine letzte Chance sein.

Sich ändern ist schwierig, etwas wagen noch schwieriger. Ich weiß. Es hat Momente gegeben, da habe ich beim Aufwachen gedacht: »Ich kann noch zwanzig, dreißig Jahre in der Situation leben, in der ich mich jetzt befinde. Aber möchte ich, daß es so weitergeht?« Zumindest eine neue innere Einstellung zu finden hing allein von mir ab – alles andere würde dann von selbst dazukommen. Nicht immer habe ich es gemerkt. Nicht immer habe ich es richtig gemacht. Doch sich bewegen ist besser, als im Treibsand sitzenzubleiben, denn je länger wir darin verharren, desto tiefer graben wir uns ein.

Im allgemeinen sind es ganz einfach die praktischen Dinge, bei denen wir einen Neuanfang wagen können.

Es kommt nur auf die innere Haltung an, sowie auf konkretere Voraussetzungen wie Geld und Geschmack. Für eine Hausfrau kann es ein Anfang sein, die Schränke auszumisten, einen Haufen nutzloses altes Zeug wegzuwerfen oder die Wohnung nach dem eigenen Geschmack umzuräumen – auch gegen den Protest der Familie. Dir würde ich zum Beispiel raten (und damit bewußt riskieren, daß Du mich für unglaublich oberflächlich hältst): Kauf dir einen Computer. Geh ins Internet, da kannst Du recherchieren, auf Entdeckungsreise gehen, Dich informieren, Spaß haben. Schließ Dich nicht aus.

Nimm die positiven Dinge an, die das moderne Leben bietet. Wozu traurig am Rande stehen? Es gibt so viele herrliche Dinge zu genießen. Neuerungen, die nicht schlecht sind, nur weil sie neu sind, aus dem Fortschritt geborene Wunder unserer Technologie, aufregende Apparate oder die Motivation, sich weiterzubilden, wieder teilzunehmen.

Versuch, einige der Lokale persönlich kennenzulernen, die Du, wie Du sagst, eigentlich verabscheust, weil sie »in« sind. Ich will Dir ja gar nicht nahelegen, in eine Disco zu gehen, aber in eins der netten neuen Lokale, wo man gut essen kann und schöne Menschen sieht. Niemandem ist damit gedient, daß Du Dich absonderst, am wenigsten Dir selbst.

Verweigere Dich nicht, indem du die Hitze erträgst, nur weil Du glaubst, Klimaanlagen seien ungesund. Wenn das so wäre, dann müßte die halbe Bevölkerung der Vereinigten Staaten und Europas, wo Klimaanlagen zum Alltag gehören, längst tot sein.

Ich kenne Berufskollegen von Dir, alte, wirklich alte Menschen, die jedoch immer noch aktiv sind, sich nur zum eigenen Vergnügen informieren und auf dem laufenden halten. Wer weiß, vielleicht könntest du ein Comeback erleben? Es stimmt nicht, daß der Beruf »uns davonläuft«. Es sind immer wir, die irgendwann nicht aufgepaßt, nicht Schritt gehalten haben. Manchmal läßt sich das beheben.

Nimm dir eine schöne Reise vor. Nutz Deine Zeit und Dein Geld (denn zumindest davon hast Du ja genug), und mach es Dir schön. Das Leben ist wie ein gedeckter Tisch – mit tödlichen Giften darauf, aber auch köstlichen Speisen, daß es eine Lust ist. Die einen entscheiden sich für das Gift, die anderen für die Köstlichkeiten. Ich hoffe, Du bist nicht der Meinung, daß es unmöglich oder schlecht ist, Freude zu haben.

Entscheide dich für das Positive. *Sag Dir, Du willst ein bißchen glücklich sein,* begeistere Dich für etwas im Rahmen deiner Möglichkeiten – aber jenseits Deines Pessimismus.

Wenn Dir jedoch nichts von alldem möglich ist, weil es eben *Deine Art* und Deine Wahl ist, dann nimm mir wenigstens diesen Brief nicht übel, denn er soll nur ein Gruß sein, aber vielleicht ist er es nicht in der richtigen *Art* …

Altern, warum nicht?

Für Großmutter bedeutete Schönheit eine Qual, denn die Zeit blieb nicht stehen, und von Jugend an peinigte sie die Vorstellung, sie könnte dieses höchste Gut verlieren. Sie stellte sich vor den Spiegel und suchte nach einer ersten Falte, einem ersten Krähenfuß. Einem ersten Fleck auf der Haut.

Als sie sechzig wurde, brachte es sie fast um, sie lief durchs Haus und schrie: »Ich hasse es, sechzig zu werden, ich ertrage das nicht!«

Es half nichts, daß man ihr sagte, sie sehe aus, als sei sie keine vierzig, so gut habe sie sich gehalten.

Man argumentierte: »Versuch dir vorzustellen, daß du ein reiferes Alter erreichst, und nicht, daß du deine Jugendlichkeit verlierst; und daß du eines Tages ein wirklich hohes Alter erlangst, ohne aber das Alter der Reife aufgeben zu müssen. Wäre es nicht viel natürlicher, so zu denken?«

Doch Großmutter akzeptierte das nicht, für sie war das Natürliche nicht natürlich: »Ich hasse die Vorstellung, daß ich alt werde. Ich akzeptiere das nicht, und damit basta.«

Die ersten kleinen Schönheitsoperationen hatten ihr gutgetan – ein bitterer Zug, ein Anzeichen von vorzeitiger Erschöpfung war beseitigt worden. Dann sagte der Arzt zu ihr: »Jetzt lassen wir der Natur ein wenig ihren Lauf und geben dem Körper etwas Ruhe. Wir sollten es nicht übertreiben.«

Da ging sie zu anderen Ärzten, die alles taten, was sie wollte. Sie begehrte auf gegen das, wogegen kein Aufbegehren hilft, überschritt ihre Grenzen und begab sich immer weiter hinein in die Irrealität.

Doch die Zeit ließ sich durch solche Täuschungen nicht aufhalten, das Gestraffte leierte wieder aus. Meine Großmutter zog sich zurück. Sie wandte sich von ihren Freunden ab, nahm an keinen Festen teil, wollte niemanden mehr sehen. Sie bekam Wahnvorstellungen und beschwerte sich, auf der Straße, in Geschäften, in Restaurants zeigten die Leute mit dem Finger auf sie: »Da geht die verrückte Alte.«

Der Umgang, das Zusammensein mit ihr wurde immer schwieriger, sie verlangte, was niemand ihr geben konnte: die Zeit anzuhalten. Nach und nach fraß es sie auch innerlich auf.

An dem Gesicht meiner Großmutter war so viel herumgeflickt worden, daß es immer fremder wurde. Die Augen, die Nase, das Kinn, selbst die Ohren waren verändert worden. Zum Schluß war nichts an ihr mehr von ihr.

(*O ponto cego*, 1999)

*

Wenn wir die Zeit anhalten wollen und uns darin wie in einem Schneckenhaus verkriechen, dann ist es mit uns schon aus, bevor unsere Jugend endet. Wir werden zu unserer eigenen Fiktion. Die Realität spielt sich weiterhin rings um uns ab, und eines Tages stellen wir fest, daß wir nicht mehr dazugehören.

Für manche ist das die rettende Krise. Das Ende eines trügerischen Phantasie-»Ichs«.

Wenn wir noch etwas vom Leben haben und nicht im Regal unserer Einbildung dahinvegetieren wollen, müssen wir nach dem Ausschau halten, was von unserer Persönlichkeit geblieben ist. Denn sie ist es, die uns Halt gibt und uns ermöglicht, bis zum letzten Funken klaren Bewußtseins weiterzuwachsen.

So können wir zwar nicht die Zeit unter unsere Kontrolle bringen, wohl aber bestimmen, wieviel sie uns schadet oder zu unseren Gunsten arbeitet.

Um zu verstehen, daß das reifere und das hohe Alter

nicht Verfall, sondern Veränderung bedeuten, müssen wir darauf vorbereitet sein. Bereit, *unser Dasein als ein Ganzes* zu sehen, mit verschiedenen Phasen, unterschiedlichen Ausprägungen von Schönheit und sogar von Glück. Daran glauben, daß wir mit Umsicht und Glück noch jahrzehntelang aktiv sein können – doch dies alles will Schritt für Schritt erobert sein.

Denn bereits in der Kindheit wurden wir gewarnt, daß uns etwas Schlimmes erwartete: »Du wirst schon sehen, werd erst einmal so alt wie ich«, sagten Mütter, Tanten, Großmütter.

»Genieß es, solange du Kind bist. Wenn du erst größer bist, ist es vorbei mit dem Vergnügen!« sagten sie mit einer Spur von Herablassung.

»Für so was bin ich viel zu alt«, behaupteten sie, wenn es darum ging, Spaß zu haben und sich zu amüsieren.

Unser Dasein wurde uns wie ein glückloses Rennen gegen die Zeit dargestellt – jeder Tag ein Verlust, jedes Jahr ein Rückstand. Wer hat sich nicht gewünscht, nie groß zu werden, um den vagen Bedrohungen nicht ins Auge sehen zu müssen?

Da wir widersprüchlich sind – und deshalb interessant –, ist es nicht verwunderlich, daß wir in dem Lebensabschnitt, in dem wir am intensivsten leben, dermaßen scheuen, was gemeinhin als das *Alter* bezeichnet wird. Und weil wir glauben, daß unsere letzten Lebensjahrzehnte nur Verfall sind, halten wir uns verstärkt an das Tabu, mit dem dieses Wort belegt ist.

Wörter bezeichnen Gefühle, fällen Urteile, also auch Vorurteile. Ich hege eine Aversion gegen die Aversion, die wir gemeinhin den Vokabeln *alt* und *Alter* – und der damit beschriebenen Realität – gegenüber empfinden.

Wir fürchten und verabscheuen das Alter, weil es für Unfähigkeit und Einsamkeit steht. Es wird gemieden wie eine ansteckende Krankheit. Dabei entbehrt es nicht einer gewissen Naivität, die Zeit als ein Schubladenelement mit verschiedenen Fächern zu betrachten, dem Fach jung, reifer oder alt – und nur in der einen Lade, der für Jugend, uns ein Recht auf Lebensfreude und Selbstverwirklichung einzuräumen. Denn es besteht durchaus die Chance, noch bis neunzig gesund zu sein, Pläne schmieden und Zärtlichkeit empfinden zu können.

Wenn wir vielleicht auch keine Geschäfte mehr machen, in ferne Länder reisen oder lange Spaziergänge unternehmen können, so können wir doch noch immer lesen, Musik hören, uns an der Natur erfreuen; Gefühle ausleben, Menschen zusammenbringen, die Menschheit rings um uns beobachten, vielleicht dem einen oder anderen Schutz und Zuwendung schenken.

Dazu muß man nicht jung und schön sein (also einen straffen Körper haben und seidige Haut …) oder besonders beweglich, wohl aber *klar im Kopf*. Man muß sich eine gewisse Weisheit und einen gesunden Optimismus zugelegt haben – beides kann im Laufe der Jahre noch ausgebaut werden. *Dennoch herrscht die Auffassung vor, daß wir zum Altsein verurteilt sind und wir uns diesem Urteil um jeden Preis entziehen müssen – sogar, indem wir uns verstümmeln oder verstecken. Mit dem für uns typischen Herdentrieb haben wir diese Ansicht ohne große Diskussion übernommen, obwohl sie uns zum Nachteil gereicht. Das äußert sich auch darin, wie sehr wir uns beeilen, entschuldigend nachzusetzen:* »Ja, ich bin mit achtzig Jahren alt, aber … geistig noch jung.«

Warum eigentlich sollte es besser sein, geistig jung als geistig gereift oder alt zu sein?

Weiser zu sein, gelassener oder geschickter mit Situationen umgehen zu können, bei denen wir uns in der Jugend vor Hilflosigkeit die Haare gerauft hätten, scheint mir doch recht erstrebenswert zu sein. Sollte mir jemand im höheren Alter mit den Worten, ich sei geistig jung, ein Kompliment machen wollen, wird mich das überhaupt nicht freuen können.

Ich halte es für weit interessanter, geistig reif zu sein, als geistig jung. Einen reifen Geist für gelassener, geheimnisvoller, reizvoller.

So wie es mir nicht gefallen hat, als ein Kritiker – in dem Glauben, mir etwas Nettes zu sagen – einmal schrieb, ich sei zwar eine Frau, schriebe aber »wie ein Mann«. Von einer Frau verfaßte Literatur hat das Attribut »aber sie schreibt wie ein Mann« nicht nötig, um gut zu sein.

Ich war bei einer fast neunzigjährigen Künstlerin zu Besuch, die Bilder in knallroten Tönen malt. Und ich sagte: »Ihre Bilder feiern das Leben.«

Worauf sie mir, ein Funkeln in den Augen, fast ins Ohr flüsterte: »Die male ich für mich selbst, zu meinem eigenen Vergnügen.«

Ihr faltiges Gesicht und ihre schon recht gebeugte Gestalt strahlten eine Lebensfreude aus, die mich zugegebenermaßen neidisch machte. Für eine Sekunde wünschte ich mir, ich hätte endlich auch diese Stufe erreicht – wo ich vieles, wofür ich heute kämpfe und leide, in aller Seelenruhe feiern könnte.

Eine Frau von sechzig Jahren nahm mich einmal am Arm, zog mich in eine Ecke und flüsterte: »Wer hat eigentlich gesagt, daß Frauen in unserem Alter am Ende sind?« Ihr standen Tränen in den Augen.

»Das weiß ich nicht«, antwortete ich, »aber Sie können sicher sein, weder Sie noch ich sind am Ende. Mein Körper hat sich verändert, aber ich bin noch immer dieselbe.«

Meine Gesprächspartnerin war eine schöne Frau mit selbständigen Kindern und guten Freunden. Das schwarze Loch in ihrer Seele war ihr Selbstwertgefühl, denn eine törichte Gesellschaft gestand ihr nicht das Recht zu, sich als vollwertig zu empfinden, und zwang sogar ihrem aktiven, fähigen Denken die Meinung auf, sie sei nun weit weniger wert als mit vierzig. Und mit jedem weiteren Jahr, jedem weiteren Tag noch weniger.

»Ich gäbe alles, aber wirklich alles dafür, wenn ich einen Körper wie eine Dreißigjährige hätte und so denken würde wie heute!« hört man immer wieder.

»Ich behandle meinen Körper, diesen großen Kater, gut«, hat eine Dichterin mit der Klugheit der Künstler und der einfachen Menschen geschrieben. »Schließlich hat er mir bis heute gedient, und ich mag ihn von Tag zu Tag mehr, so wie er sich entwickelt.«

Den eigenen alten Körper gern haben, der uns Pflege und Liebe abfordert, mehr Training, damit er ordentlich funktioniert, und Geduld, denn er ist nicht immer so, wie er in unserer Erinnerung einmal war, das ist auch eine Form von Glück, wie die Erfahrung lehren kann.

*

Vor wenigen Jahrzehnten haben sich die Zeiten für uns geändert und mit ihr die Begriffe Jugend, Reife und Alter. Wir leben inzwischen länger. Aber nicht immer leben wir besser. Und damit verschwenden wir meiner Ansicht nach unglaublich viel unserer Zeit.

Meine Großmütter, damals viel jünger, als ich es jetzt bin, kamen mir alt vor und fühlten sich vermutlich auch so – langsam in der Bewegung, leicht rheumatisch, dunkel gekleidet, graues Haar, Brille auf der Nasenspitze, mit Backen oder Häkeln beschäftigt. Zwar waren meine Großmütter auch immer wieder mit einem Buch in der Hand zu sehen – bei uns zu Hause wurde viel gelesen. Trotzdem, für uns Kinder waren sie alte Damen. Unvorstellbar, daß sie einmal Mädchen oder junge Frauen gewesen sein sollten. »Großmutter muß jedenfalls ein paarmal mit Großvater geschlafen haben, zumindest, um Papa und die Tante zu bekommen«, das war eine obszöne Vorstellung. Daß Vater und Mutter in der fernen Zeit, als sie heirateten, ein Liebesleben gehabt hatten, kam uns mindestens ebenso merkwürdig vor.

Heute fahren Großmütter ihr eigenes Auto, reisen, gehen abends mit Freundinnen essen, flirten, haben einen Computer und scheinen allgemein viel glücklicher zu sein als die alten Damen von früher.

Doch nun, da wir so beweglich sind, hat der Abscheu vor dem Alter stärker denn je Konjunktur.

Ich erinnere mich an eine Werbung im Fernsehen, in der eine betagte Frau, ein Tuch um die Schultern, mit mattem, trostlosem Gesichtsausdruck durch einen Flur irrte. Sie öffnete Türen und betrachtete die leeren Zimmer, in denen in ihrer Phantasie die Stimmen ihres Mannes und ihrer Kinder widerhallten. Sie war der Inbegriff der armen alten, verlassenen Frau, die alles verloren hat – weil sie ihre Jugend verloren hat.

Ich sehe gar nicht ein, warum man uns nicht statt dieses düsteren Schauspiels ein ehemaliges Kinderzimmer vor Augen führt, aus dem ein kleines Fernsehzimmer wurde, ein Atelier zum Malen oder Töpfern, ein Gästezimmer … oder ein Zimmer für die Enkel.

Wenn ein Raum nicht mehr wirklich genutzt wird, warum sollte dann nicht ich ihn nutzen dürfen?

Warum sollte ich in eine kleinere Wohnung umziehen, wenn in meinem Haus nicht mehr so viel Betrieb herrscht wie einige Jahre zuvor – es sei denn, ich möchte es wirklich und entschließe mich dazu, weil es praktischer und vernünftiger ist? Aber doch niemals, weil ich meine, das Haus nicht mehr zu brauchen oder, schlimmer noch, es nicht mehr wert zu sein …

Wir sind in jeder Lebensphase vollwertige Menschen, so wie auch jede Phase vollwertig ist. Es fällt uns schwer, das im Alter zu glauben, so wie es uns als Jugendlichen schwerfiel, Vertrauen in uns selbst und in die Richtigkeit unserer zukunftsweisenden Entscheidungen zu haben.

Wir sind vollwertige Menschen mit dem Recht und der Pflicht, neue Interessen zu suchen und andere zu überdenken, Freude und Vergnügen zu haben, gleich welcher Art. Mag sein, daß ich im Alter keine Hochleistungen im Bett vollbringe oder vielleicht gar kein Interesse mehr an Sex habe, aber ich kann Lebensfreude in Gesellschaft von Freunden erfahren, Zärtlichkeit im Rahmen der Familie und Spaß haben an Spaziergängen, an der Gartenarbeit, am Lesen, an Museumsbesuchen.

Doch in einer Gesellschaft, in der Erfolg und Glück allein abhängig gemacht werden von Geld, Aussehen und Sex, stehen wir im Abseits. Tagtäglich werden wir enttäuscht. Anstatt zu leben, verzehren wir uns. Anstatt zu erobern, werden wir von unseren Geistern buchstäblich aufgefressen – *sofern wir es zulassen.*

Dies ist unsere Chance, unser Triumph oder unsere Niederlage: im Alter von siebzig oder achtzig Jahren mit der größten Natürlichkeit zu leben – oder darin eine plötzliche Strafe der Götter zu sehen.

Manche Menschen scheinen unvermittelt aus der unreflektierten Jugend ins grollende Alter zu stürzen. Es hat sie kalt erwischt. Sie hatten nicht aufgepaßt. Keine Sekunde hatten sie es für möglich gehalten. Eine traurige Art, das zu durchleben, was letztlich das Wunder unserer Existenz ist.

Wir glaubten, die Zeitmaschine überlisten zu können, doch anstatt uns voranzubringen, rollt ihr Räderwerk über uns hinweg. Für alle, die nur an die Freudlosigkeit des Reifens und Alterns denken, spreche ich *von den Freuden des reiferen Alters*. Wer nur vom Verzicht im Alter weiß, den *erinnere ich daran, daß Alter Weisheit bedeuten kann.*

Ich muß mit meiner Zeit Schritt halten. Aber welche ist es, wo befindet sie sich, wo ist sie geblieben … *meine Zeit*?

Wie ein Refrain klingt es uns in den Ohren: »Meine Zeit ist vorbei«, »ich darf nicht«, »wo gibt es denn so was?« … Verluste machen uns verletzlich, wir haben Angst vor weiteren. Daß der Geliebte uns vergißt, daß der andere stirbt, daß der Reiz verblaßt, das Fest zu Ende geht. Wir wollen das nicht noch einmal erleben, wir wollen nichts mehr verlieren – dann lieber erst gar nichts geschenkt bekommen.

Doch wenn wir genau in uns hineinhorchen, hören wir die Stimme der fröhlichen Stunden und schönen Erlebnisse, und sie sagt uns, daß leben noch immer möglich ist. Sie gibt uns ein paar dezente Hinweise, doch es dauert, bis wir sie verstehen.

Eine meiner liebsten Freundinnen ist fast neunzig, und ich warte immer auf das Wochenende, um mit ihr in ihrem gemütlichen Haus am späten Sonntagnachmittag einen Whisky zu trinken. Uns mangelt es nie an Gesprächsstoff. Sie weiß über alles Bescheid, ist informiert, interessiert. Sie spricht möglichst nicht über ihre Gesundheit, um die es nicht mehr so steht wie vor zehn Jahren. Sie redet über die Presse, über Politik, über Musik. Erkundigt sich nach Bekannten. Ins Kino geht sie nicht mehr, aber da sie leidenschaftlich gern liest, gibt es tausend Themen, über die wir uns unterhalten können.

Sie lacht gern, und wir haben viel Spaß miteinander.

Wenn ich an sie und andere Menschen ihrer Art denke, frage ich mich, ob es wirklich eine Strafe ist, achtzig oder noch älter zu werden, oder ob es nicht die Krönung eines Lebens sein kann. *Allerdings muß schon eine vernünftige Struktur vorhanden sein, die »gekrönt« werden kann.* Ein großzügiges Leben, mit Siegen und Verlusten, aber auch eigenhändig gestaltet und ausgestattet. Gelebt mit Freud und Leid, mit schönen Gefühlen und nicht ganz so schönen.

Ein Leben, in dem die glänzende Waagschale mit den positiven Dingen schwerer wiegt als die mit den negativen.

*

»Und die Jugend, was sagen Sie dazu?« werde ich gefragt.

Darüber muß ich nicht viele Worte verlieren, denn die

Jugend wird in sämtlichen Medien, in allen Salons, in allen Schlafzimmern gepriesen und besungen. Sie ist Verzückung und Verzweiflung, Wachstum und Unfähigkeit, Sehnsucht und Ekstase, so wie jede unserer Lebensphasen – nur daß dies alles in der Jugend komprimiert ist, intensiver und strahlender.

Aber ich glaube nicht, daß allein die Jugend sich lohnt, daß allein sie uns eine Daseinsberechtigung schenkt.

So wie ich auch nicht meine, daß das reifere Alter und das hohe Alter besser seien. Sie sind anders. Haben ihre guten und schlechten Seiten. Ein hohes Alter ist keine Garantie dafür, daß ein Mensch gut ist oder nett.

Der immer gutmütige alte Mann ist ein Mythos, die liebe alte Frau mag Kindergeschichten bevölkern, die Wirklichkeit sieht ganz anders aus. Unter Umständen ist der alte Mann ein Scheusal, der seine Familie tyrannisiert, so wie es häufig die Schwächsten, die Kranken, ein verwöhntes Kind tun.

Manche Menschen werden im Alter unerträglich fordernd, larmoyant und äußerst schwierig im Umgang. Sie trauern der Vergangenheit nach, den vielen schönen Dingen, Menschen, Erlebnissen und Aktivitäten, die nicht mehr möglich sind, und können sich damit nicht abfinden.

Nicht immer ist ein alter Mann deshalb allein, weil die Kinder undankbar sind. Oft genug ist er selbst es, der sie mit seiner ständigen Nörgelei, seinen Forderungen und häufig unerfüllbaren Wünschen in die Flucht schlägt. In der heutigen kleinen Kernfamilie, in der meist sowohl Mann als auch Frau arbeiten, es nur wenige Kinder gibt und eine Haushilfe zu teuer ist – in solchen Verhältnissen ist es schwierig, einen alten Mann zu versorgen, auch wenn er darauf angewiesen ist. Gute Heime sind knapp und teuer. Ein ernstes Problem für alle Beteiligten. Jede Familie löst es, so gut sie kann, im allgemeinen unter finanziellen Opfern und großer emotionaler Belastung.

»Das Problem der alten Menschen ist, daß sie nichts zu tun, keine Interessen haben«, heißt es immer, als wäre dies eine unvermeidliche Tatsache. Es ist nicht unvermeidlich. Warum sollte ein alter Mensch nicht *tun, was er möchte,* solange er keine fremde Hilfe braucht und bei klarem Bewußtsein ist – unserem allerhöchsten Gut, sofern es sich nicht nur auf die Bewußtheit des körperlichen Schmerzes beschränkt?

Im fortgeschrittenen Alter müssen die Interessen nicht dieselben sein wie früher oder können es nicht – verschiedene Aktivitäten, Arbeit, Geld, Reisen, Eroberungen. Irgendwann *ändern sich die Möglichkeiten, aber der Mensch wird nicht auf Null reduziert.* Auch die einfachsten Dinge können uns Glück und Freude bescheren: Das ist eine der Lehren, die uns die Zeit erteilt. Und aus ebendiesem Grund *ist es im Alter einfacher, glücklich zu sein.*

In jedem Alter können wir neue Zuneigung entwickeln: Wir können immer neue Beziehungen zu Menschen, Dingen, Orten und Interessensgebieten herstellen. Selbst Liebe, Zärtlichkeit und Sinnlichkeit sind kein Privileg der Jugend.

Doch häufig genug wird den Alten kaum die geringste Selbständigkeit zugestanden, obwohl absolut nichts dagegen spräche: »Du willst allein aus dem Haus gehen, Mama? Wie kommst du auf die Idee!«

»Bist du verrückt, Papa, du willst allein wohnen? Allein reisen, allein ins Restaurant gehen? In deinem Alter ...«

So lautet das Urteil: in deinem Alter, in meinem Alter. Wir verlieren sie nicht (unsere Lebensfreude, Gesundheit, Lieben) – wir rauben sie uns selbst. Und wir boykottieren uns, indem wir wohlbekannte Sätze wie die folgenden für uns gelten lassen: »Ich bin alt, meine Hände sind häßlich geworden, deshalb trage ich keine Ringe mehr.«

»Wozu mir einen neuen Anzug kaufen, wo ich doch schon so alt bin? Wie oft kann ich den denn noch anziehen?«

»Wozu mir ein neues Kleid kaufen, das Haus streichen, das Sofa neu beziehen, wo ich doch schon so alt bin?«

Damit wird verfügt, daß alte Menschen zu weite Hosen und ausgetretene Schuhe tragen müssen, nicht zum Friseur gehen und auf abgewetzten Sofas sitzen. Man sollte einmal nachfragen, wie weit sie eigentlich selbst dazu beitragen, als zu alt abgestempelt zu werden, und sich, wenn auch sehr widerstrebend, dem Klischee anpassen. Obgleich sie andere Möglichkeiten hätten.

Die Zeit ist immer meine Zeit, wenn ich etwas Positives, Plausibles in die Tat umsetzen will – und sei es nur, den Stuhl (selbst den Rollstuhl) an einen anderen Platz zu stellen, damit ich besser in den Regen hinausschauen kann.

Eine alte Dame lebt allein, genießt aber ihre Freundschaften, die Familie, Bücher und Musik, die Natur. Hin und wieder macht sie eine Flasche Champagner auf und stößt mit sich an (allein, aber nicht wehmütig) auf schöne Dinge, die sie erlebt hat, auf schöne Dinge, die sie derzeit erlebt, und auf das eine oder andere Schöne, das sie noch zu erleben gedenkt.

Eines Tages gab ich ihr zu verstehen, daß ich sie dafür bewunderte.

Mit halb scheuem, halb amüsiertem Lächeln antwortete sie, es gebe immer einen Grund zum Feiern.

Es sei ein Privileg, am Leben zu sein und sich dessen bewußt zu sein, und das ohne ernsthafte Gesundheitsprobleme. Das Morgenlicht genießen zu können, den Duft des Essens, die Atmosphäre unter Menschen. Kontakt mit anderen haben, wissen, was es Neues gibt, vom Sport bis hin zur Musik, zur Politik ... zu allem, was sie wolle. Teilnehmen können.

Diese positive Haltung einer betagten Frau rührte mich. Ihr Alter war für sie kein Grund, zum Stillstand zu kommen, vielmehr tat sie nun unbeschwert Dinge, die sie früher nicht hatte tun können. Sie mußte nicht mehr so vielen Pflichten nachkommen und auch nicht mehr so viele Erwartungen erfüllen.

»Ich glaube, die Menschen sind jetzt nachsichtiger mit mir«, sagte sie verschmitzt lächelnd. »Wahrscheinlich denken sie, ›die Ärmste, schon so alt‹, und deshalb kann ich endlich frei atmen und … natürlicher sein.«

Einmal habe ich eine Geschichte gelesen, die ungefähr so ging:

Eine junge Frau joggte, um eine gute Figur zu bekommen. Sie kam an einer alten Frau vorbei, die in ihrem Vorgarten arbeitete, und rief ihr zu: »Wenn ich doch nur so schlank wäre wie Sie, dann hätte ich es nicht nötig, so zu laufen!«

Die Alte bedeutete ihr stehenzubleiben, ging zu ihr und sagte lächelnd: »Mein liebes Kind, in meinem Alter ist alles einfacher. Man kann sich sogar zur Ruhe setzen und Freude daran haben, seine Rosen zu pflegen.«

Wenn wir aber davon träumen, zum Mond zu fliegen, kann es uns zu langweilig vorkommen, uns um die Rosen zu kümmern – und am Ende kümmern wir uns um überhaupt nichts mehr.

Das Leben ist immer unser Leben, mit zwölf, mit dreißig, mit siebzig. Wir können jederzeit etwas daraus machen, auch wenn andere es leugnen. Innerhalb der Grenzen des Machbaren, des Vernünftigen (mitunter sogar des Unvernünftigen) können wir es durchaus. Wir schaffen nur dann nichts, wenn wir meinen, wir hätten es nicht verdient.

Trauer und Wiedergeburt

Ein Team von Psychologen und Psychotherapeuten in einem großen Krankenhaus bat mich, einen Vortrag über *Verlust* zu halten. Den Verlust eines geliebten Menschen, den Verlust der eigenen Gesundheit und die Situation angesichts des unmittelbar bevorstehenden Todes.

Was konnte ich ihnen schon sagen, diesen kompetenten Fachleuten, die tagtäglich mit den Strömen des Leids, der Angst, der Hoffnung und des Tods zu tun hatten, die in einem großen Krankenhaus zusammenkommen? Damit hatten sie, selbst die Jungen, weit mehr Erfahrung als ich.

Also nahm ich mir vor, es einfach zu halten. Von den natürlichen Schwierigkeiten zu sprechen, mit einem Verlust, gleich welcher Art, umzugehen.

Erstens: Wir wollen nichts verlieren.

Das ist logisch. Eigentlich sollten wir überhaupt nichts verlieren müssen – weder Gesundheit noch Zuneigung, noch geliebte Menschen. Aber die Wirklichkeit sieht anders aus: Wir erleben einen ständigen Wechsel zwischen Gewinn und Verlust, Glück und Unglück, womit sich dieses Buch ja beschäftigt.

Zweitens: Ein Verlust tut wirklich weh.

Leiden ist unvermeidlich. Jemandem zu sagen, »du mußt nicht leiden, nicht weinen«, ist unsinnig. Der Schmerz ist wichtig, ebenso die Trauer – sofern sie uns in unserem Umfeld nicht allzu lange allzu sehr lähmt.

Drittens: Wir brauchen innere Reserven, um mit Tragödie und Leid fertigzuwerden.

Die Unterstützung durch andere – eine liebevolle Umarmung, ein offenes Ohr, Mitgefühl, bis hin zu dem uns angebotenen Essen – ist relativ und zeitlich begrenzt. Die entscheidende Kraft muß aus uns selbst kommen – von dort, wo wir bereithalten, was uns mitgegeben wurde. Wie wir mit einem Verlust umgehen, hängt stark davon ab, was wir in uns vorfinden.

Je nachdem, ob da starke Bäume wachsen oder bloß ein kleines Kriechpflänzchen, haben wir viel oder wenig, wovon wir zehren, worauf wir uns stützen können. Eine Tragödie weckt in manchen Menschen ungeahnte Kräfte. Auch wenn das Leid sie noch so sehr niederschmettert, sorgt es doch zugleich dafür, daß sie daran wachsen.

Andere empfinden alles destruktiv. In ihrem leeren Inneren geht nur der Wind der Auflehnung und der Verbitterung. Ein Verlust trifft sie wie eine persönliche Ungerechtigkeit, ein Verrat des Lebens.

In dem Schockzustand, der uns bei der Diagnose einer schweren Krankheit überfällt, wenn wir erfahren müssen, daß wir bald sterben oder einen geliebten Menschen verlieren werden, schlagen wir gleichsam mit dem Kopf gegen eine hohe, kalte Wand. Ich spreche nicht nur von den schmerzhaften Ritualen um Krankheit und Tod. Ich spreche von etwas noch Gravierenderem: davon, daß man *nirgends mehr einen Sinn sieht. Denn den Tag des Verlustes erleben wir nahezu besinnungslos.*

Ohne Orientierung haben wir die uns zur Verfügung stehende Zeit durchlaufen, haben nicht nachgedacht und womöglich nicht zu schätzen gewußt, was wir nun verloren haben: einen Menschen, unsere Gesundheit, Liebe, Stellung, alles. Wenn wir jedoch oberflächlich leben, werden wir in der Stunde, da es gilt, auf unser Inneres zurückzugreifen, nur trostlose Leere vorfinden.

Ich meine nicht, wir alle sollten Philosophen, Eremiten oder religiöse Fanatiker sein. Ich glaube nicht an Posen und Attitüden. Ich glaube noch nicht einmal an tiefsinniges Theoretisieren über das Leben, den Tod, den Schmerz. Aber ich glaube an Gefühle, und ich bin mir dessen bewußt, daß wir Teil eines geheimnisvollen Lebenszyklus sind, der uns eine Bedeutung verleiht. Daß wir, obwohl eigentlich unbedeutend, in ihm ein Gewicht haben.

Das ist einer der Gründe, warum das reifere und das hohe Alter ihre Geheimnisse, Schönheit und Qualitäten besitzen, die sich einem nicht von vornherein erschließen.

*

In besagtem Vortrag über den Verlust sprach ich auch darüber, wie wenig wir mit dem Schmerz anderer umzugehen wissen. Guter Dinge sein und scheinbar glücklich ist heutzutage nachgerade Pflicht, eine Frage der Hygiene, so wie duschen und gut duften.

Aber manchmal müssen wir uns gestatten zu leiden – oder anderen gestatten, daß sie leiden.

Wir alle – Freunde, Angehörige, Therapeuten, Ärzte – empfinden angesichts fremden Leids, dem wir nicht abhelfen können, unsere Begrenztheit als grausam. Manchmal ist es jedoch besser, daß wir nicht versuchen, etwas zu tun, sondern uns nur anbieten und kommen, wenn wir gerufen werden. Damit der andere weiß, daß wir für ihn da sind.

Doch einem anderen (oder sich selbst) nicht die normale Zeit für den Schmerz zuzugestehen ist wirklichkeitsfremd. Wer einen Schicksalsschlag erleidet, braucht nicht um Erlaubnis zu fragen, um Schmerz zu empfinden – und zwar so lange wie nötig.

Leid, Armut, Krankheit, Einsamkeit, Tod – dies alles sind Bedrohungen, Fremdkörper in einer Gesellschaft, die sich offenbar etwas ganz anderes auf die Fahnen geschrieben hat: aktiv sein, genießen, nicht innehalten und nachdenken, nicht leiden.

Schmerz stört.

Ruhe verunsichert.

Wer sich zurückzieht, verunsichert die anderen, beschäftigt sie: »Wahrscheinlich ist er krank, es geht ihm wohl nicht gut, womöglich hat er eine Depression, vielleicht könnte ja ein kleiner Drink helfen, eine neue Geliebte, ein neuer Flirt …« Um nicht selbst verunsichert zu werden, um nicht »innehalten und nachdenken« zu müssen, vielleicht auch nur, weil sie uns lieben und unser Leiden sie beunruhigt, versuchen sie alle naselang uns aufzumuntern: »Komm, tu was dagegen, geh aus dem Haus, hör auf zu jammern, zieh dir ein hübsches Kleid an, laß uns ins Kino, laß uns essen gehen.«

Der Moment dafür wird gewiß kommen. Doch Trauer ist notwendig – sonst wird der Schmerz unter Nichtigkeiten begraben und seine Wurzeln bohren sich nur um so tiefer, sein Feuer verbrennt die letzten Reserven, und wir finden keinen Ausweg mehr.

Ein Abendessen im Restaurant wird mich nicht fröhlich stimmen, wenn ich den geliebten Menschen verloren habe, meine Gesundheit, meinen Freund, meine Stelle, meine Illusionen … der Verlust schmerzt, ganz gleich, was es ist.

Also möge man mich eine Weile, eine Woche, einen Monat oder noch länger *leiden lassen.*

Mich während einer angemessenen Zeitspanne trauern lassen. Mir helfen, indem man sich nicht allzu viel einmischt. Ein Anruf, eine Blume, ein Besuch, eine Umarmung, ja, aber *bitte nicht ständig und unablässig Fröhlichkeit verlangen.*

Wenn wir nicht gemütskrank oder sonstwie krank sind, wird der Schmerz irgendwann von allein nachlassen. Wir müssen nur den Ruf dazu hören – und sei es lediglich ein freundlicher kurzer Gruß.

Etwas Positives wird uns veranlassen, den ersten Schritt aus der emotionalen Intensivstation heraus zu tun, auf die der Verlust uns gebracht hat. Eines Tages äugen wir hinaus auf den Flur, ziehen von der Intensivstation um in ein Zimmer, schließlich werfen wir einen Blick auf die Straße, und dann geht das Leben wieder seinen Gang.

Noch sind wir am Leben, sind unterwegs, bis zu unserem Tod.

*

Der Verlust der Liebe, weil die Liebe zu Ende ist, weil wir betrogen oder verlassen wurden, kann stärker sein als unsere Lebensphilosophie, als alle unsere Werte, wir haben darauf keinen Einfluß.

Nichts kann uns trösten, uns Kraft geben. Da der Partner noch da ist, noch lebt, vielleicht zusammen mit einem anderen Menschen, kommt zu der Kränkung und dem Gefühl der Ablehnung hinzu, daß wir uns nicht abfinden wollen. Daß wir, womöglich zu unserem Schaden, versuchen, den Menschen zurückzugewinnen, der uns nicht mehr will.

Eine von ihrem Geliebten verlassene Frau wollte unbedingt von diesem getröstet werden. »Ich kann nur mit dir über uns sprechen«, sagte sie. Aus Schmerz verletzte sie sich nur weiter. Sie brauchte einige Zeit und viele erneute Kränkungen, bis sie sich endlich von dem Mann lösen konnte, der sie, verärgert über ihre unmögliche Forderung, wie ein Nichts behandelte.

Häufig – und öfter, als wir uns träumen lassen – erwartet uns eine neue Liebe. Wenn aber keine kommt und die Uhr tickt – obwohl es für die Liebe nie zu spät ist, auch nicht mit achtzig –, lernen wir, daß es andere Formen der Liebe gibt. Sie sind kein Ersatz, aber sie gestalten das Leben heiterer: Freunde, Familie, etwas Neues, ein Hobby.

Vielleicht bringen nur Verluste uns dazu, wirklich zu lieben, was uns erst im allerletzten Augenblick genommen wird: unser Leben.

Der Verlust der Gesundheit wird mit medizinischen Mitteln behandelt, die uns Linderung oder sogar Besserung verschaffen. Der Verlust von Geld oder einer Arbeit kann überwunden werden, auch wenn dies unter Umständen veränderte Bedingungen und Einschränkungen mit sich bringt. Wie sehr jedoch der Verlust der Jugendlichkeit uns schmerzt, hängt davon ab, wie leer wir innerlich sind und wie eng unser Horizont.

Der Verlust einer Liebe aber, die der Tod uns genommen hat, ist der größte Verlust überhaupt.

Er zwingt uns, in nahezu unbekannte Sphären unseres Inneren vorzudringen: die unseres Glaubens und unserer Überzeugungen, unserer Spiritualität, kurzum, unserer Transzendenz. Daß wir den geliebten Menschen verloren haben, erfordert letztlich ein Lernen: sich selbst neu geschenkt zu bekommen und, indem man es wirklich annimmt, an dem Guten festzuhalten, das der geliebte Mensch uns bedeutet hat (was wir im Alltag oft gar nicht wahrgenommen haben).

Eine liebe Freundin hat durchgemacht, was so viele fürsorgliche Frauen erleben: Sie hat die lange Krankheit dessen begleitet, der einmal schön und attraktiv und gut war, ganz Herr seiner selbst. Doch nun verfällt er allmählich, reagiert panisch, will leben, kämpft zwischen aussichtslosem Optimismus und abgrundtiefer Hoffnungslosigkeit. Wir können mit ihm weinen oder ein heiteres Gesicht machen. Sprechen, schweigen, leugnen – manchmal ausweichen –, jeder Fall ist ganz und gar einzigartig.

Dem Ende ins Auge sehen zu müssen kommt nicht überraschend und ist beileibe kein Einzelfall. Es ist lediglich der Abschluß einer langen Reihe konkreter Schritte und innerer Siege – ein jeder *hat seinen Weg gemacht*, im wahrsten Sinne des Wortes.

Wir durchleiden die Qual der Totenwache und der Beerdigung (vor allem bei denen, die öffentlich aufgebahrt werden), und dann kommt noch dieser furchtbar beklemmende, der schmerzlichste Aspekt des Todes dazu: das *Schweigen des Toten*.

Kein freundliches Wort, keine Geste kann helfen. Man muß die Zeit ihr Werk tun lassen – sie verschlingt nicht nur Stunden und Tage, sie ist auch eine tüchtige Krankenschwester.

»Sie schreiben wie besessen über den Tod, warum das?« fragt eine Journalistin.

Nein, ich schreibe nicht wie besessen über den Tod, sondern über das Leben.

Zu dem der Tod gehört.

So wie die Behauptung unzutreffend ist, daß ich in meiner Literatur defätistisch oder verbittert sei. Wer sorgfältig liest, für den ist mein gesamtes Werk durchdrungen von Mitgefühl für meine Figuren, die ja keine realen Personen sind, sondern von mir ersonnen; durchdrungen von tiefer Liebe und unbestreitbarer Hoffnung.

Ich schreibe über wirklich wunderbare Dinge, aber auch über schreckliche und über manches, was besser sein könnte. Ich schreibe über die Liebe und das Leben in all ihren Formen. Deshalb spreche ich zwangsläufig auch vom Tod.

Um es ein wenig literarischer auszudrücken: Ich könnte sagen, daß umgekehrt der Tod über uns schreibt – von Geburt an schreibt er mit uns zusammen am Drehbuch unseres Lebens. Er ist die große Gestalt, das Auge, das über uns wacht und nie schläft, die Stimme, die uns ruft, die wir aber nicht hören wollen, und die uns doch viele Geheimnisse offenbaren kann.

Das größte Geheimnis ist fraglos: *Der Tod macht das Leben erst bedeutend!*

Denn weil wir sterben werden, müssen wir heute in der Lage sein zu sagen, daß wir lieben, müssen heute tun, was wir so gern tun möchten, müssen heute unser Kind oder einen Freund in den Arm nehmen. Deshalb müssen wir heute anständig sein, heute großzügig sein … deshalb sollten wir uns Mühe geben, heute glücklich zu sein.

Der Tod verfolgt uns nicht, er wartet lediglich, denn wir selbst eilen ihm ja entgegen. Auf welche Art wir ihm begegnen, entscheiden wir selbst in jedem einzelnen Moment unseres Lebens.

Und vor allem erinnert er uns an unsere Transzendenz.

Wir sind mehr als Körper und Ängste – wir sind ein Mysterium, und das macht uns größer, als wir glauben. Stärker als unsere Ängste.

Wenn dieser namenlose Moment naht, muß die Liebe sich beugen: erfüllt von Schmerz und Schrecken, muß sie die schwere Prüfung auf sich nehmen. Sie verwandelt sich in Zärtlichkeit, nähert sich an etwas an, das sich ewig nennt.

Wer glaubt, daß das Leben nur aus essen, arbeiten, Sex haben, einkaufen und Rechnungen bezahlen besteht, den wird der Tod des geliebten Menschen unweigerlich in tiefe Verzweiflung stürzen. Der findet sich nicht darein, glaubt an nichts mehr.

Wer aber eine positive Sicht des Ganzen hat, zu dem die unerwünschte, unergründliche, aber unvermeidliche Verwandlung des Todes gehört, in dem wird der geliebte Mensch nach einer gewissen Zeit einen anderen Platz einnehmen: Er bleibt weiterhin Teil unserer Wirklichkeit.

Er hat eine andere Gestalt angenommen, lebt aber weiter.

»Mit den Jahren tut es allmählich weniger weh«, hat einmal ein Freund zu mir gesagt, der vor dreißig Jahren eine Tochter im Kindesalter verloren hat.

Ich kenne den Tod recht gut. Zweimal hat der reizende Herr mich schwer getroffen, mir ins Gesicht gespuckt, mich zu Boden geworfen. Beide Male habe ich einen schweren Verlust erlitten. Doch wie bei manchen Tieren sind die verlorenen Teile nachgewachsen – allerdings fühle ich mich nicht verstümmelt, obwohl ich Tag für Tag die Leere in mir spüre, die nie wieder ausgefüllt sein wird.

Ich habe gelernt, daß ich demjenigen, der nicht mehr ist, die größte Ehre erweise, indem ich so lebe, wie er es gewollt hätte: glücklich, frei, gesund, so froh wie möglich und von unmöglichen Plänen erfüllt.

*

Das reifere Alter hat mich viel Gutes und Schönes gelehrt, auch wenn ich meine Lektion nicht immer richtig gelernt habe. Ich hoffe, es wird mich im hohen Alter noch mehr lehren, mich aufnahmebereit antreffen.

Ich habe mir etwas aus der Kindheit wieder angeeignet, das ich durch den Streß mit Familie und Beruf vergessen hatte. Wie alle Kinder – wenn wir sie nicht zu sehr stören – war ich manchmal gern allein und sah mir in aller Ruhe und vollkommen glücklich Abbildungen in einem Buch an oder horchte auf den Wind, den Regen oder die Stimmen im Haus.

Später, als Erwachsene, fürchten wir das Alleinsein, vielleicht, weil wir es als Isolation empfinden, als Einsamkeit, wie es sie durchaus auch in einem bewohnten Haus geben kann. Mit der Zeit verlieren wir die Fähigkeit, mit dem Universum eins zu sein, sei es auch nur das winzige Universum eines Stückchens Garten oder eines Kinderzimmers. Und wir versagen uns die notwendige Zurückgezogenheit, die unseren Akku neu aufgeladen hatte mit der aus Reflexion, Stille und dem natürlichen Gefühl für die Dinge gewonnenen Energie.

Dort, wo ich jetzt wohne, erfahre ich Zuneigung von allen Seiten. Einsamkeit kenne ich nicht. Freunde jeden Alters kommen mich besuchen. Die einen wegen alltäglicher oder lustiger Angelegenheiten. Andere kommen mit tiefen Ängsten, mit denen ich in meiner Jugend fraglos nicht hätte umgehen können. In den meisten Fällen weiß ich nicht, was ich ihnen sagen soll: Ich kann ihnen keinen Vorschlag machen, keine brillante Lösung präsentieren. Vielleicht aber spüren sie, daß ich in meinem Alter schon viel gesehen, viel erlebt, gehört, beobachtet habe.

Mich wundert kaum mehr etwas.

Fast nichts kann mich noch schockieren.

Alles berührt mich, bewegt mich und geht mir nahe: das Alltäglichste ebenso wie das Allerungewöhnlichste. Es bildet die Kulissen und den Weg. Das reifere Alter hat mich gelehrt, all dies weniger begierig und vielleicht auch weniger leichtfertig zu lieben – doch mit nicht geringerer Lebensfreude.

*

Da ich nicht behindert bin, reise ich, wenn nötig, auch allein. Ich gehe allein ins Restaurant, fahre allein Auto. Noch immer gibt es Frauen, die, wenn wir uns mittags oder abends zum Essen verabredet haben, draußen vor dem Restaurant auf mich warten, weil sie sich nicht trauen, unbegleitet das Lokal zu betreten. Ich spreche nicht von hilflosen, ungebildeten Hausfrauen, auch nicht von Frauen vom Land, die noch nie in einem Restaurant waren.

Doch es ist nicht natürlich, daß eine erwachsene Frau sich fürchtet, allein ein Restaurant zu betreten. Es ist nicht natürlich, sich wegen »der Leute« zu verbieten, das eigene Leben zu leben. Es ist nicht natürlich, sich dafür zu schämen, daß man liebt und begehrt, in keinem Alter. Es ist vielmehr unnatürlich, mit siebzig keine Pläne mehr zu haben.

Wesentlich ist, daß ich *mein Leben* lebe und nicht ein Leben, das andere – die Gesellschaft, die Medien – mir aufzwingen wollen. Daß es Entfaltung und Öffnung bedeutet. Daß ich mir in dieser Welt der tausend Möglichkeiten und Schliche, der phantastischen Apparate und Entwicklungen, in dieser Welt der Hektik und des Streß meinen Platz bewahren kann. Den Platz, an dem ich mich wohl fühle, es mir gut geht – und an dem ich nicht etwa eingeschlafen bin.

Der Platz, wo ich noch glauben kann – woran, spielt keine so große Rolle, sofern es nicht nur Negatives ist, das Böse, Gewalt, Betrug, Korruption.

Damit der Lauf unserer eigenen Geschichte einer königlichen Reise gleicht und nicht einem Bericht über aufgescheuchte Ratten, die in einem Spiegellabyrinth ihr eigenes Abbild jagen.

5. Zeit zu leben

Wenn es eine Zeit der Rückkehr gibt,
Komme ich wieder.
Steige auf und treibe meine Seele
Mit meinem Blut
Durch Labyrinthe und Paradoxe
– bis es erneut mein Herz durchflutet.

(Und in mir brennt vielleicht dieselbe Glut
Wie einstmals.)

(Mulher no palco, 1984)

Der Ton unseres Lebens

Ich habe ein kleines, praktisches Buch über die unablässige Neuerfindung unserer selbst schreiben wollen.

Darin habe ich gesagt, und zwar in erster Linie mir selbst: Wir sollten nicht allzu oberflächlich sein, aber auch nicht allzu ängstlich, denn das Leben will nicht getrunken werden wie ein Kelch, der irgendwann leer ist, sondern wie einer, der sich nach jedem Schluck wieder füllt.

Solange wir geistig klar sind, können wir uns umschauen und in uns selbst hineinblicken – und sei es nur ein kurzes Innehalten in der Hektik des Alltags, der Verpflichtungen, beim Shopping, beim Fernsehen, am Computer, im Schnellrestaurant, beim Drogenkonsum, beim lieblosen Sex, bei der Verneinung, aus Groll, im Lamentieren und im Zögern und vor Resignation.

Nachdenken heißt die Ordnung der Oberflächlichkeit sprengen.

Wenn ich aber mit den Händen auf den Ohren in einer Ecke hocke, höre ich nicht das Lied des Windes in den Bäumen der Welt – das zu hören ich mir so sehr gewünscht habe, und sei es nur an einem einzigen, vielleicht gar dem letzten Tag. Und ich werde auch nicht wissen, ob die Waagschale mit den unvermeidlichen Verlusten schwerer ist als die mit den möglichen Gewinnen.

*

Wir sind Zeugen von etwas weit Größerem als unserem kleinen individuellen Geheimnis: *des machtvollen Zyklus der Existenz*. Darin haben alle Katastrophen und alle Schönheit ihre Bedeutung als Teile einer Gesamtheit.

In diesem Zyklus sind wir wie Bäume in einem Wald: Den einen trifft es in der Blüte seiner Reife und Kraft, und er fällt. Ein weiterer wächst gar nicht erst heran und geht schon vorher ein; ein anderer, uralt, krumm und gepeinigt, fleht geradezu, endlich Ruhe zu finden, doch er kann selbst in diesem Zustand noch Würde und Schönheit ausstrahlen.

Ich habe auf diesen Seiten davon gesprochen, daß die Zeit scheinbar alles nimmt und alles wiederbringt, den Gezeiten gleich, in denen wir nur so weit ertrinken, wie wir es zulassen. Ich habe davon gesprochen, daß die Zeit, die doch Neues entstehen und sprießen läßt, von vielen als bedrohlich und leidbringend betrachtet wird, und davon, daß wir uns die Zeit untertan machen müssen, damit sie uns nicht vernichtet.

Ich habe davon gesprochen, daß Gewinn und Verlust von der Perspektive und den Möglichkeiten jedes einzelnen abhängen, der an seiner Geschichte webt.

Ich habe dem Buch vorangestellt, daß ich mich bemühe, den richtigen Ton zu finden, um mit dem Leser in einen Dialog treten zu können, so wie wir alle nach dem Ton suchen, den wir leben wollen – oder können.

Das kann ein Ton sein, der uns gar nicht entspricht, ein falscher, unechter Ton; ein Mißton, weil zu oberflächlich, oder ein harmonischer Ton, der der Seele entspringt, der Wurzel unserer Wünsche, unserer Wesensart, unserer wahrhaftigen Möglichkeiten.

Manche Menschen finden ihn nie.

Manche Menschen finden nie zu ihrem Rhythmus, weil sie weder zuhören noch verstehen, sondern nur damit beschäftigt sind, nach den Sternen zu greifen. Andere finden ihn und passen sich seinen Variationen an: fröhlich, heiter, leidenschaftlich, feierlich, tragisch, langweilig und dann wieder fröhlich. Sie müssen nicht nach dem Takt der

Schreckgespenster Vorurteil und Illusionen tanzen, sondern bewegen sich im Einklang mit *ihrem Geliebten, dem Leben.*

Den positiven Ton hören ist mit vierzig leichter als mit zwanzig und mit sechzig noch leichter. Ich kann mir vorstellen, daß wir mit achtzig über genügend Stille und inneren Raum verfügen, damit er über uns kommen, sich in uns einnisten und klingen kann.

Ich kehre zum Anfang dieses Buches zurück, wie ich es immer gern tue:

Die Welt ist sinnlos ohne unseren Blick, denn er gibt ihr Form, ohne unser Denken, denn es verleiht ihr eine gewisse Ordnung.

Leben, vielleicht auch sterben, heißt, sich jeden Augenblick neu erschaffen. Kunst und Kunstgriff, sich freischwimmen und neuerfinden mit Blick auf den Spiegel, der uns bei der Geburt bereits vorgehalten wird. Manche Visionen entpuppen sich als Fata Morgana – trügerische, schwimmende Algeninseln. Andere hängen zu hoch für unsere scheue Hoffnung. Wieder andere funkeln, doch wir merken es nicht – wie wir dem Frieden nicht trauen.

Das Leben will nicht nur gelebt oder ertragen, sondern gestaltet werden. Unter Umständen auch neu programmiert. Es will bewußt gelebt werden.

Es kommt nicht darauf an, etwas Besonderes daraus zu machen.

Nur sollte das Minimum das Maximum dessen sein, was wir aus uns selbst machen konnten.

*

Ich beende dieses Buch und schalte den Computer in dem Bewußtsein aus, daß, auch wenn Schriftsteller noch so viel schreiben, Musiker noch so viel komponieren und singen, Maler und Bildhauer noch so viel mit Formen, Farben und Licht spielen und die Parallelwelt der Kunst das zutiefst wider-

sprüchliche Empfinden eines Menschen auszudrücken vermag – dies alles nichts daran ändert, daß das Wesentliche, auch wenn es vor uns tanzt und uns bis zum letzten Moment unseres klaren Bewußtseins anspricht, weder Namen noch Form besitzt:

Es ist Entdeckung und Erschrecken, Seligkeit und Verdammnis für jeden einzelnen von uns.

Die Originalausgabe erschien 2003 unter dem Titel
Perdas & Ganhos bei Record, Rio de Janeiro.

Marion von Schröder ist ein Verlag der
Ullstein Buchverlage GmbH

ISBN-13: 978-3-547-71082-3
ISBN-10: 3-547-71082-0

Gesetzt aus der Berkeley bei LVD GmbH, Berlin
Druck und Bindearbeiten: GGP Media GmbH, Pößneck
Printed in Germany